THROUGH TO WASHINGTON

直通华盛顿

主宰美国政治命脉的4大家族

崔智东 郭志亮 / 著

台海出版社

图书在版编目(CIP)数据

直通华盛顿 / 崔智东, 郭志亮著.---北京:台海

出版社,2014.6

ISBN 978-7-5168-0406-3

Ⅰ.①直… Ⅱ.①崔… ②郭… Ⅲ.①总统-生平事

迹-美国-通俗读物 Ⅳ.①K837.127-49

中国版本图书馆 CIP 数据核字(2014)第 164852号

直通华盛顿

著　　者:崔智东　郭志亮

责任编辑:万李娜

装帧设计:吴小敏　　　　　　版式设计:通联图文

责任校对:罗　金　　　　　　责任印制:蔡　旭

出版发行:台海出版社

地　址:北京市朝阳区劲松南路 1 号，　邮政编码：100021

电　话:010-64041652(发行,邮购)

传　真:010-84045799(总编室)

网　址:www.taimeng.org.cn/thcbs/default.htm

E-mail:thcbs@126.com

经　销:全国各地新华书店

印　刷:北京柯蓝博泰印务有限公司

本书如有破损、缺页、装订错误,请与本社联系调换

开　本:710mm×1000 mm　　　1/16

字　数:190 千字　　　　　　　印　张:15

版　次:2014 年 9 月第 1 版　　印　次:2014 年 9 月第 1 次印刷

书　号:ISBN 978-7-5168-0406-3

定　价:36.00 元

前　言

政治世家何以在西方社会生根？英国女议员、下院前议长贝蒂·布思罗伊德对此称："政治流淌在一个家庭的血液中，就像煤垢永存在矿工家族的指甲缝里一样。"

政治世家的"经营模式"同豪门巨贾的家族生意似有异曲同工之妙，可以一代又一代地"复制"，把政治变成"家族事业"。

有史以来，美利坚的历史都是由无数的豪门家族决定的。政治方面有亚当斯家族、罗斯福家族、肯尼迪家族，以及几年前离开白宫的布什家族。

说起美国，人们会想到繁荣的种种，但未必所有人都知道，繁荣的背后，是历史的沧桑，是心血的浇灌，是艰苦的抉择，有无数民众的努力和坚持，更有领导者的智慧与人性的光辉。

政治世家的下一代受到上一代潜移默化的影响，自小对政治有着更多的兴趣。小亚当斯14岁就到驻外使馆历练；而富兰克林·罗斯福正是受到叔叔西奥多·罗斯福在政界辉煌一时的鼓舞，很早就投身政界发展；肯尼迪的父亲是一个成功的商人，但对政治怀有浓厚兴趣，他不想让子女经商，而是从小就给他们设定一些标准，引导他们走仕途。在这样的家族中，下一代对于政治谋略和手腕有着更深的理解，也有着较普通人更多的参政意识，自然而然地就朝着这个方向发展了。

对于每个渴望成功的人来说，一些优秀的美国总统在人生道路上和国务活动中的经验教训，是很值得汲取的养分，也是前进路上的"好朋友"。

这本书是写给大众的,因此,在写法上割舍了学术的做法,希望能让读者轻轻松松地游走于时间的长河中,笑看风云变幻,静观历史沧桑。

这本书不仅具有亲切、闪亮、有趣等特点,它带给你的更多的是看世界的角度和胸怀,是处理问题的干练和高效做法,是人性中的那份朴实与执著。而这些,也正是我们每个人把握机会、走向成功并紧紧拥抱幸福的宝典和智囊。

通过这本书,我们能以更人性的角度看待美国的强大。笔者也希望,在读者中,最终也出现如罗斯福、肯尼迪这般杰出的人物,引领中国走向更富强与和谐的境地,圆国人的强国之梦!

Through To Washington

目 录
CONTENTS

第一卷　亚当斯家族——美国"第一王族"

> 有人戏称亚当斯家族是美国"第一王族",这并不为过,因为能与之相比的只有华盛顿、富兰克林、杰斐逊等几位美利坚合众国的创始人,但他们都没有男性的合法继承人。
>
> 亚当斯家族与美国历史和美国民主体制的确立有着不可分割的紧密联系:
>
> 塞缪尔·亚当斯亲自参与了美国独立革命的发起和组织工作;
>
> 约翰·亚当斯是《独立宣言》的4个起草人之一,曾任第1任副总统、第2任总统;
>
> 约翰·亚当斯的儿子约翰·昆西·亚当斯,在美国独立后曾先后任驻普鲁士、荷兰和俄国的大使,众议院的议员,国务卿,后成为美国第6任总统。

　　促使美国独立的是三个有名的事件:一是反抗《食糖法》、《印花税法》和《汤森法》;二是"波士顿惨案";三是"波士顿茶叶案"。这一切都是一个名叫塞缪尔·亚当斯的波士顿人一手组织策划的,所以在美国人心中,他是"美国革命之父"。

第二章 约翰·亚当斯——美国人视为最重要的开国元勋之一 ······ 20

约翰·亚当斯是美国第1任副总统,其后接替乔治·华盛顿成为美国第2任总统。亚当斯亦是《独立宣言》签署者之一,被美国人视为最重要的开国元勋之一,同华盛顿、杰斐逊和富兰克林齐名。

第三章 约翰·昆西·亚当斯——为数不多的学者型总统 ·········· 45

约翰·昆西·亚当斯,美国著名外交家、政治家,美国第8任国务卿和第6任总统。他与第2任总统约翰·亚当斯是美国历史上第一对父子总统,小亚当斯也是为数不多的学者型总统。

第二卷 肯尼迪家族——最显赫、最古老、最有影响的政治家族

　　肯尼迪家族堪称美国历史上最显赫、最古老、最有影响的政治家族。除了无与伦比的声望和地位,这个家族身上还笼罩着一个世界性的谜团:肯尼迪诅咒。

　　半个世纪以来,仿佛受到一种神秘的诅咒,这个发迹于新英格兰的家族命运多舛,其成员屡屡遭遇飞来横祸,不是重伤、死亡,就是被各种丑闻所缠绕。从1941年开始到2009年间,已经有近十位"肯尼迪"非自然性死亡。如此多的"巧合",也成为了这个家族一个难解的谜团。

　　曾有报纸称:"肯尼迪家族的故事就是一长串讣告……身为肯尼迪家族一员,你就不要指望躺在床上静静地死去。"

第一章 肯尼迪家族的总统梦——登上权力的最高峰 ‥‥‥‥‥ 66

　　肯尼迪家族有一个长久怀有的梦想:总统之梦。这个家族中一定要有人成为美国的总统。约瑟夫有一次在教堂里祈祷时就暗暗发誓:我已登上了财富的最高峰,我要让儿子登上权力的最高峰。

第二章 约翰·肯尼迪——历史的声音和谜团

从1963年到今天,美国人民仍然缅怀约翰·肯尼迪。绝大多数美国人仍然清楚地记得当听到肯尼迪被刺的消息时,他们在什么地方,在做什么。

今天,当肯尼迪的继任者们开创美国新的历史时,大多数美国人仍然试图找寻约翰·肯尼迪遇刺的真相,并以这种方式来寄托对这位伟大总统的怀念和崇敬。

第三章 肯尼迪家族的神秘诅咒——“生于政治,死于政治”

作为美国历史上最神秘、最古老、最有影响的政治家族,40年来,这个发迹于新英格兰的姓氏一直在死亡和政治中间起伏,在媒体的关注下越发显得神秘。

第三卷　罗斯福家族——美国卓越的政治世家

> 罗斯福家族是一个卓越的美国政治世家,为荷兰移民的后裔,在美国有超过300年的历史。该家族产生过美国历史上两位很重要的总统——西奥多·罗斯福总统和富兰克林·德拉诺·罗斯福总统,以及一位第一夫人埃莉诺·罗斯福。现任美国国会的中国委员会总法务长苏珊·罗斯福也是罗斯福家族的成员。

第一章　西奥多·罗斯福——美国崛起的雄狮 ················· 112

提到罗斯福,说的多半是小罗斯福,那位后半生一直与脊髓灰质炎搏斗的残疾人总统。小罗斯福是老罗斯福的远房堂侄。就功业而言,小罗绝对不输老罗,推行新政,结束萧条,领导二战,称雄世界,连任4届总统,事功之盛,前无古人,后无来者。

然而,就声誉而言,老罗却远在小罗之上。他和华盛顿、杰弗逊、林肯并称美国历史上最伟大的总统,被誉为20世纪美国最伟大的总统。最近几任美国总统,办公桌上都放着西奥多·罗斯福的胸像。

2006年,老罗斯福去世差不多90年之后,美国最有影响力的《时代》杂志将他选为封面人物,标题是:缔造美国。

富兰克林·罗斯福是20世纪最受爱戴的美国总统——虽然他出身贵族，但他相信平凡人的价值，并且为维护百姓的权利而战。他有着慑人的魅力，对未来充满信心；他带领美国走出了经济困境，改变了美国人的生活方式；他捍卫了民主政体，帮助世界实现了安全……回顾他的一生，就像他自己说的那样："我只是个普通人，但是，我的确比普通人更加倍努力。"

美国第32任总统富兰克林·德拉诺·罗斯福的妻子——安娜·埃莉诺·罗斯福是一位不同寻常的第一夫人，她不是以传统的白宫女主人的形象，而是作为杰出的社会活动家、政治家、外交家和作家被载入史册。

第四卷　布什家族——主宰美国的豪门世家

2005年1月20日,乔治·W·布什宣誓连任美国总统。非同寻常的是,这是布什家族第5次在白宫宣誓(老布什两次当选副总统,一次当选总统;布什两次当选总统)。

在这5次宣誓的背后,升腾起了一个主宰美国的家族——布什家族。他和父亲老布什成为了继亚当斯父子后,美国又一对"父子总统",能够连任更是史无前例。现在提及布什家族,美国媒体和公众都会不约而同地使用同一个词——布什王朝。

乔治·H·布什,人称老布什,生于马萨诸塞州密尔顿。在两代总统的家乡得克萨斯,布什家族牧场所在地克劳福德及其周边地区,甚至公路两旁每隔一段距离,都有巨幅广告牌,上面全是两代总统的大肖像。此时此地,令人们对布什王朝有了更切身的体会。

第三章　乔治·沃尔克·布什——小布什的戏剧人生 ·············· 206

　　卸任不久的小布什总统,应该说是美国历史上争议较大的总统之一。他直率的性格、执著的精神吸引了不少美国人,但他在外交上的单边主义做法,以及在全球变暖等问题上不负责任的态度,则令人非常失望,在世界范围内引起了强烈不满。在他卸任后,媒体和学界安慰他说,不是他不努力,而是实在太不走运。

第一卷

亚当斯家族

——美国『第一王族』

有人戏称亚当斯家族是美国『第一王族』，这并不为过，因为能与之相比的只有华盛顿、富兰克林、杰斐逊等几位美利坚合众国的创始人，但他们都没有男性的合法继承人。

亚当斯家族与美国历史和美国民主体制的确立有着不可分割的紧密联系：

塞缪尔·亚当斯亲自参与了美国独立革命的发起和组织工作；

约翰·亚当斯，是《独立宣言》的4个起草人之一，曾任第1任副总统、第二任总统；

而约翰·亚当斯的儿子约翰·昆西·亚当斯，在美国独立后曾先后任驻普鲁士、荷兰和俄国的大使，众议院的议员，国务卿，后成为美国第六任总统。

第一章

塞缪尔·亚当斯

——美国革命之父

促使美国独立的是三个有名的事件：一是反抗《食糖法》、《印花税法》和《汤森法》；二是"波士顿惨案"；三是"波士顿茶叶案"。

这一切都是一个名叫塞缪尔·亚当斯的波士顿人一手组织策划的，所以在美国人心中，他是"美国革命之父"。

1.在哈佛开始了对人生意义的探索

美国的国父很多,所有在《独立宣言》上签字的人都是国父,因此美国人谈到国父时用的是复数。而"美国革命之父"只有3个,其中之一就是塞缪尔·亚当斯。

1722年,塞缪尔·亚当斯出生在一个制酒商人之家。当时,马萨诸塞殖民地的富有家庭通常会把孩子先送进波士顿的拉丁学校,然后进入哈佛学院学习,毕业后最理想的职业是当牧师,其次是当律师。

塞缪尔在哈佛期间开始了对人生意义的探索。最终,他得出的结论是"有意义的人生就是追求社会正义的人生"。这为他后来的一系列革命事业打下了坚实的基础。

塞缪尔是成功的,而所有的成功者都非常善于在行动之前,通过自己的思考和判断来找到一个适合自己能力发展的目标,因为在他们看来,找到目标就等于成功了一半。

塞缪尔接受了英国哲学家洛克的政治哲学,认为政府是人民和国家的一种契约,政府的权力来自人民。

人民有最终的权威,人民就是主权。政府应该有3个部分,立法、行政和司法,每个部分只对自己负责。如果人民认为政府没有履行它的责任,人民就有权收回政府的权力,换句话说,就是人民可以推翻政府。在政府之下,人民的自由是共同遵守同一规则下的自由,这一规则就是宪法。宪法高于一切,人民必须在宪法之下自由活动。宪法之下人人平等,任何人都不应该服从任何他人强加的意志。

在他的一篇《论自由》的文章中，塞缪尔指出自由使人有别于野兽，它是一群有理智的人与野兽的区别，后者只有一条规则，最长的尖角就是最强的法律。塞缪尔在哈佛的硕士毕业论文的题目是《论殖民地人民是否可以合法地抵制英国法律》，"造反"精神由此可见。

人生没有目标，就好比在黑暗中远征，不知道自己该去往何处。所以，人生一定要有目标，可以是一辈子的、一个时期的、一个阶段的，也可以是一个年度的、一个月份的、一个星期的，甚至是一天的……一个人追求的目标越崇高越直接，他进步得就越快，对社会也就越有益。有了崇高的目标，只要矢志不渝地努力，就能有所成就。

塞缪尔这样的人胸怀大志，既不会为眼前小小的"成功"所陶醉，也不会被暂时的挫折所吓倒。他们心中十分清楚，在实现目标的过程中，肯定会遇到一些艰难险阻。假如轻而易举就能排除，只会向人们表明自己的目标定得太低。所有的困难一开始就被排除得一干二净，会使人们丧失尝试有意义的事情的兴趣。只要你脚踏实地地处理前进道路上的障碍，终有一天，你会到达目的地。

没有大目标的人很可能满足于眼前的利益，眼睛只局限于伸手可及的小目标，让自己变得鼠目寸光。这样的人只会有一种结局：自己的所作所为只是在空耗自己的青春。

传说，大唐贞观年间，在长安城西的一家磨坊里有一匹马和一头驴子。它们是好朋友，经常在一起谈心。马负责为主人拉车运货，驴子的工作是在屋里推磨。贞观四年，这匹马被玄奘大师选中，与大师一起动身去天竺国大雷音寺取三藏真经。

13年后，这匹马跟着大师历经千辛万苦，驮着佛经回到了长安。大师受到了重赏，马也被人们精心打扮一番，跟随大师去全国各地讲经。不久，朋友见面，老马跟驴子谈起了旅途的经历：浩瀚无边的沙漠、高入云霄的峻岭、火焰山的热浪、流沙河的黑水……驴子听着神话般的故事，大为惊异。

驴子惊叹道："马大哥，你的知识真丰富呀！那么遥远的路程，那种神奇的景色，我连想都不敢想。"

马思索了一下，感叹道："老弟，其实这几年来我们走过的路程是差不多的。"

驴子不理解："怎么会？我的确一点儿见识都没有长！"

马说："你想，我在往西域走的时候，你不是一天也没有停止拉磨吗？不同的是，我同玄奘大师有一个遥远而明确的目标，始终按照一贯的方向前进，所以我们开了眼界；而你却被人蒙住了眼睛，一直围着磨盘打转转，所以总也无法走出这个狭隘的天地。"

这个故事告诉人们，没有大目标的人，无论在生活中，还是在事业上，都容易随波逐流。世界上最贫穷的人并不是身无分文的人，而是没有大目标的人。只有胸怀天下、目标远大，你才会有巨大的成功。

在工作中，有的人喜爱随意，总是"到时再说吧"，他们从来没有一个长远的计划和明确的目标，这个弱点使他们永远被拒绝在成功的门外。一个人只有先有目标，才有前进的方向，才有成就大事的希望。

一个人的行为总是与他意志中的最主要思想互相配合，这已是大家公认的一项心理学原则。特意深植在脑海中并维持不变的任何明确的主要目标，在我们下定决心要将它予以实现之际，它都将渗透到整个潜意识，并自动地影响身体的外在行动来实现目标。

改变生活必须从培养期望做起，但光有强烈的期望还不够，还得把这种期望变成一个目标。这就是说，你应该用想象力在脑袋里把目标绘成一幅直观的图画，直到它完完全全实现。有丰富的计划，就有丰富的人生。假如你能确立人生目标，就已经踏出成功的第一步。

2."我要的是商人,不是政治家"——找到自己的坐标

成就伟业的人都有一个共同的特点:他们清楚地知道自己能够做什么、不能做什么,知道自己的天职和定位。他们一生都在最适合自己的位置上做正确的事情。

塞缪尔从哈佛毕业后,母亲希望他献身上帝,父亲则希望他能成为律师。塞缪尔不知道自己想干什么,就听从了父亲的另一个建议——经商。一开始,塞缪尔在一家财务公司工作。身为哈佛毕业生,塞缪尔本应该干得很出色,可没多久,公司老板就请他走人了,理由很简单:"我要的是商人,不是政治家。"

从财务公司出来后,塞缪尔的父亲借给了他1000英镑,让他自己做生意。他把其中的一半贷给了一个朋友,结果血本无归,另外一半也很快就花完了。1746年,塞缪尔被选为波士顿的政府官员。两年后,他和朋友出版一个政治周刊,替辉格党宣传。父亲死后,塞缪尔从父亲那里继承了1/3的房产,并负责管理家里的酒厂,但是经营得一塌糊涂。被债主抄家后,他只好宣布酒厂破产,跑去做收税官。塞缪尔在这个任期8年的位子上做了不到一年就因为账面上的8000英镑的亏空被免职了,塞缪尔并没贪污,但他从来不记账,自然不知道钱去了哪里。

塞缪尔在事业上干得很不成功,但他在革命的道路上却越走越远。他在辉格党内成立了一个地下组织,名曰"罗亚九君子",由8名工人和塞缪尔组成。他们常在一家酒厂楼上开会,托利党人说他们是用酒鼓起的干劲。因为有塞缪尔,他们的活动组织得有声有色。

第一卷·第一章
塞缪尔·亚当斯——美国革命之父

成功，从某种意义上来说，是寻找的艺术。在奋斗的道路上，你若能够看清自身的条件和优点，找到适合自己奔跑的那双鞋，也许就成功了一半。

即使像塞缪尔这样伟大的美国革命之父，在没有站对位置前，也是平庸的，他经商的失败不是很好地说明了这一点么？有时，一个人竭尽全力去做一件事而没有成功，并不意味着他做任何事都不会成功，而是因为他选择了一条不适合自己的道路。"宝贝放错了地方便是废品"。

要想有所作为，首先要看你有没有站对位置，而位置的对与不对，是根据实际情况的变化而变化的。

这从美国著名总统艾森豪威尔的经历中可见一斑。

艾森豪威尔是一个杰出的军事家和领导者，但他在大学校长任上却成绩平平。

二战时期，他作为盟军统帅指挥盟军实施了历史上规模最大的诺曼底登陆战役，奠定了盟军反败为胜的基础。随后，又指挥盟军将德军驱逐出法、比、荷境内，并直捣德国腹地，第三帝国海、陆、空三军部队全部投降，德国元首希特勒也自杀身亡，从而结束了第二次世界大战。

纵观古今战史，无论何种战事，有两个以上国家的联军是最难以统帅的，而艾森豪威尔却能够把多国的庞大武装力量整合一体，协调行动，共同战斗，足见其统帅能力非常人所能及。战后，艾森豪威尔又以压倒性的胜利，击败了政坛老手史蒂文生，二度出任美国总统，成为最受美国人民热爱的总统之一。

艾森豪威尔站对了位置时，他的成就是非凡的。

而没有站对位置呢？

二战以后，艾森豪威尔曾出任哥伦比亚大学校长。但让人意外的是，这位在战争中叱咤风云的英雄人物，在这一位置上却毫无建树，唯一值得圈点的,是在校园内的草坪上为懒于绕道的学生开辟了一条便道。

在人生的坐标系里,占到好地盘比什么都强。所以,看看自己的位置错了没有。若位置站错了,讲话讲错了,做事也做错了,可能会永久地在卑微和失意中沉沦。

20世纪50年代,爱因斯坦曾收到一封信,信中邀请他去当以色列的总统。对此,爱因斯坦毫不犹豫地拒绝了。他在回信中写道:"我整个一生都在同客观物质打交道,因而既缺乏天生的才智,也缺乏经验来处理行政事务及公正地对待别人,所以,本人不适合如此高官重任。"

爱因斯坦是一个传奇,他是世纪之交众多机构共同评选出的千年伟人。他的大脑至今仍保存在哈佛大学作研究,也为全人类认识人的大脑之谜提供了一个模型。

爱因斯坦对物质世界有着深刻的认识,他这方面的洞察力超越了20世纪几乎所有的物理学家,以至于当1905年他发表狭义相对论的论文时,全世界没有几个人能够真正读懂。

爱因斯坦是清醒而明智的,他的智慧和美德不仅在于他发现了相对论,还在于他发现了自己,发现了自己正确的人生目标。

试想,假如爱因斯坦接受了邀请,果真担任了以色列总统,会发生什么呢?答案是显而易见的,也是耐人寻味的。

美国著名思想家爱默生认为每个人都有自己的天职和位置:

"每个人都有自己的天职,天才就是召唤。有一个方向,在这个方向上,一切空间都向他开放,他的天才悄悄地邀约他竭尽全力、永无止境地到它那里去。他就像河上的一条小船,到处碰壁,而只在一个方向上畅通无阻。在这个方向上,一切障碍都被消除了,他安静地漂向越来越深的河道,进入广阔无垠的大海。这种才能、这种召唤取决于他的肌体组织,或普遍的灵魂在他身上体现出来的方式。他倾向于做那种对他来说容易去做,并且做过有好处,而别人都不能做的事。他没有对手,因为他越真实地考虑自己的能力,他的工作就越表现出与其他任何人工作的差异。他的雄心与他的能力完全成正比。山顶的高度取决于山基的宽度。每个人都接受了力量的召唤去做某种与众不同之事,没有人会听到其他任何召唤。"

是星就有星的位置,是光就有光的辐射。

每一个渴望成功的人,都应当认真领会这句话的真谛,都必须学会正确的人生定位艺术。只有及早而正确地发现自己的最佳位置,才能把所思所想、所作所为对准所定的正确的大目标进行积累,从而早有突破、早有大成。这就是最佳位置的奥妙所在。

3.因反《印花税法》运动而成名

1764年，英国公布了殖民地的《食糖法》，刚过42岁的塞缪尔终于知道他该干什么了，那就是推翻英国的殖民统治。他和约翰·汉考克成为了波士顿地区的抗税领袖。

在哈佛受过的良好教育，很快使塞缪尔成了一位革命理论家。他在《食糖法》的序文里找到了一个暗示，就是殖民地人民"纳税而无代表权"，这句话成了革命的火种，点燃了殖民地人民反抗英国的熊熊大火。

接着，英国又颁布了《印花税法》。为此，塞缪尔发表了一个反对英国当局在殖民地随意加税的宣言。马萨诸塞有37个城镇通过了该宣言，13个北美的英国殖民地共有600多个城镇通过了该宣言。各殖民地纷纷成立"自由之子社"，组织起来反抗英国。塞缪尔是天生的宣传家，他执掌了由约翰·汉考克出资的《波士顿纪事报》，以该报为基地向《印花税法》和英国驻波士顿总督发难，还鼓动群众捣毁印花税办公楼，冲入税务官的官邸企图杀死收印花税的官员。不过，该官员事先得到密报，逃离了住所。

3天后，该官员宣布辞职。接下来，塞缪尔发动宣传攻势，声称《印花税法》是总督的主意。尽管这不是事实，但很快马萨诸塞人民就都认为是了。

1765年8月的一个夜晚，一群人涌进了总督公馆，进行破坏。第二天，总督对《圣经》起誓，他绝没有参与《印花税法》的制订；相反，他是极力反对的。

接下来，塞缪尔再次发动宣传攻势，说那天晚上在总督家抄到了证据，但这证据是什么，塞缪尔从未公开。

塞缪尔·亚当斯——美国革命之父

　　马萨诸塞议会邀请各殖民地派代表出席纽约会议,讨论《印花税法》问题。组织会议的马萨诸塞总督以为会议将支持英国,没想到会议认为除了由各殖民地议会自行决定的税收外,不曾有也不可能有任何合法的税收,同时认为《印花税法》有破坏殖民地人民的权利与自由的倾向。于是,各殖民地纷纷抗议,英国议会最终只好放弃《印花税法》。

　　塞缪尔因反《印花税法》运动而成名,1765年被选入马萨诸塞议会。次年,马萨诸塞首富约翰·汉考克也被选入议会。有了约翰·汉考克的金钱和塞缪尔的理论与组织,殖民地议会成了他们反对英国的工具。塞缪尔在《波士顿纪事报》上公布了拥护《印花税法》的议员名单,19名亲英的托利党议员因此落选。从此,马萨诸塞议会由反英的辉格党掌控。

4.点燃美国独立革命的火种

《印花税法》取消后,塞缪尔继续组织集会游行。塞缪尔相信,他的种种活动对广大民众的影响要远大于议会中的宪政辩论。1768年9月,为了颁布《汤森法》,英国当局从加拿大调来了两个团的士兵。

于是,塞缪尔宣传的"英国专制"成了事实。

塞缪尔开始发表《事态日记》,报导英军在波士顿的丑行。尽管英国当局予以否认,但各殖民地人民都相信《事态日记》的报导,反英情绪逐渐升级。

"波士顿惨案"发生的前一天晚上,塞缪尔散发了很多有着英军士兵签名的传单,上面声称英军即将对波士顿市民动手。

这又是塞缪尔制造的消息,市民读后大为激动。1770年3月5日黄昏,英军一名哨兵与市民起了口角,市民们向英军扔了许多雪球、冰块和棍棒。最后英军开枪,打死5人,打伤6人。

几小时后,塞缪尔掌控的《波士顿纪事报》在城内的大街小巷四处散发,塞缪尔把这件事称为"波士顿惨案"。就这样,一次小小的口角引起的事故成为了"血案",这一切都是约翰·汉考克和塞缪尔一手策划的。在向英军扔雪球的人群中,有一位后来成了美国第一任陆军部长,他就是华盛顿的亲信诺克斯。诺克斯是被人鼓动去闹事现场的,他事后根本说不清是谁开的枪,也说不清英军为什么要开枪。在后来的审判中,只有一位叫保罗·瑞维的人把当时的情况说得一清二楚,而且一口咬定是英军故意开枪,连谁开了几枪都说得清清楚楚。因为保罗·瑞维是塞缪尔派去现场为后来的审判作证准备的。这个人后来很有名,1775年4月18日,因为他的通风报信,英军收缴民兵武器的阴谋破产,从而打响了独立战争的第一枪。这些都是后话。

事发后的第二天，塞缪尔召开市民大会，要求英军撤出波士顿。会后，总督见势不妙，把军队撤至威廉斯堡。"波士顿惨案"大大激发了各殖民地的反英情绪，约翰·汉考克和塞缪尔趁机建立民兵，以便有朝一日对付英军。

《汤森法》取消后，只有茶叶税一项可以成为塞缪尔对付英国殖民当局的把柄，塞缪尔当然不会放过这个机会。1773年，东印度公司成功游说英国国会，获得了在北美洲销售茶叶的垄断权，并按北美的低税率纳税。同年12月，东印度公司把它滞销的茶叶带到了北美的四大港口。波士顿人守在港口，不让茶叶卸下岸。东印度公司的船长请求回英国，但总督对船长说，要是他不卸货而回英国的话，总督将按叛国罪起诉他。正是总督的强硬态度给了塞缪尔可乘之机，要是他和其他殖民地总督一样采取温和的态度，6个月后茶叶税就会取消，塞缪尔也就没有发难的机会了。

15日下午5点，塞缪尔带上上百个化妆成印地安人的同伴，手执印地安人的板斧和绳索，爬上了东印度公司运茶叶的货船。他们砍坏茶叶木箱，把300多箱茶叶全部沉入海底。塞缪尔高兴不已，他在等待英国当局的发作。

不出所料，英国议会立即宣布了《波士顿港口法》，宣布关闭波士顿港，增派驻军，强征民房，把马萨诸塞的总督由文官改成了武官。恐怖笼罩着波士顿，这更加证实了塞缪尔的"英国专制论"和英军的暴行。习惯了自由的殖民地人民对此无法忍受，弗吉尼亚的绅士乔治·华盛顿不得不揭竿而起。至此，独立革命已不可避免。

5.由一个一事无成的哈佛毕业生成长为美国国父之一

1774年，塞缪尔觉得有必要召开北美所有殖民地的会议来讨论当前的局面，弗吉尼亚也有同样的认识。于是，在塞缪尔的倡议下，马萨诸塞议会通过决议，决定召开北美各殖民地的代表大会。

决议通过后，马萨诸塞的英国总督盖奇解散了议会。同时，弗吉尼亚的英国总督因反对民选议会，也解散了弗吉尼亚议会。在马萨诸塞和弗吉尼亚的号召下，除乔治亚以外的12个北美殖民地的56名代表于1774年9月5日，在费城召开了第一届大陆会议。

这是一次美国革命群英会。马萨诸塞的代表有塞缪尔·亚当斯，塞缪尔的堂弟、美国政治学的奠基人、第二任美国总统约翰·亚当斯，代表团长约翰·汉考克等人。弗吉尼亚则派出了乔治·华盛顿、派屈克·亨利、理查德·亨利·李和代表团长佩顿·伦道夫等人。佩顿·伦道夫当选为会议主席，约翰·亚当斯是会议的灵魂人物。

第一届大陆会议向英国递交了请愿书，要求取消对各殖民地的强硬措施。会议还通过了与英国断绝贸易关系的决议案和由约翰·亚当斯起草的《权利宣言》。第一届大陆会议团结了北美各殖民地的抗英力量，为北美独立作出了重要贡献。

第一届大陆会议之后，在塞缪尔·亚当斯和约翰·汉考克的策动下，1775年4月19日，列克星敦和康科德的马萨诸塞民兵和英军发生了武装冲突。塞缪尔·亚当斯和约翰·汉考克为了激发各殖民地的反英热情，并建立殖民地自己的军队，于1775年5月10日在费城召开了第二届大陆会议。与会代表66人，新代表中有本杰明·富兰克林、托马斯·杰斐逊，约翰·汉考克被选为会议主席。会议宣布以武力反抗英国，并由华盛顿任总司令成立"大陆军"。

从此,大陆会议成了殖民地的权力机构。

1776年7月4日,会议通过了由托马斯·杰斐逊根据理查德·亨利·李的《李决议》起草的《独立宣言》,宣布脱离英国,成立美利坚合众国。

塞缪尔在《独立宣言》上签下了自己的名字。就这样,塞缪尔由一个一事无成的哈佛毕业生成了美国国父之一。

经过了1775年到1783年长达8年的独立战争,北美的13个殖民地于1787年5月在费城召开了制宪会议,各殖民地的代表经过4个多月反复的讨价还价,终于制定出了近代第一部非君主制民主国家的宪法。宪法确立了美国的联邦制,和立法、司法、行政三权分立。宪法还明确说明,政府的权力来自人民,规定了政府各部门的权限和关系,明确地体现了洛克的政权源于人民,权力必须有制衡的政治哲学。

又经过了两年的时间,宪法才被各殖民地议会批准。1789年,新生的合众国选出了首位总统乔治·华盛顿,从此,美国走上了一条强国之路。

6.塞缪尔·亚当斯的演讲——好口才成就人生

语言是连接人与人之间的纽带,纽带质量的好坏,直接决定了人际关系的和谐与否,进而影响到事业的发展以及人生的幸福。卓越的口才、有技巧的说话方式,不仅是家庭幸福的法宝,更是事业披荆斩棘的利剑、增加自身个性魅力的砝码。

塞缪尔·亚当斯就是这样一位拥有好口才的伟人。

让我们来回顾一下,1776年8月1日塞缪尔·亚当斯在费城向州议会发表的演说——美利坚的独立:

今天,在我们这片大陆,300万同胞为着同一个目标联合起来,这使全世界感到震惊。我们的军队人数众多、训练有素;我们的指挥官具有第一流的军事才能,他们生气勃勃、热情超群。我们以非凡的信心,准备好了弹药和粮草。外国纷纷等待与我们联盟,以庆贺我们的胜利。我想说,上帝几乎是令人惊讶地站在我们一边,我们的成功挫败了敌人,使丧失意志的人恢复了信心。因此,我们可以真诚地说,拯救我们的并不是我们自己。

看来上帝一直在引导我们,也许是要我们恭顺地接受伟大而十全十美的天意。我们已经摆脱了政治厄运,让我们不要回头张望,以免遭到灭顶之灾,成为世界的羞辱和笑柄。难道我们不希望在防卫上更一致,备战更周密?难道我们不想让敌人众叛亲离,让自己勇气倍增?我们的力量与抵抗足以使我们赢得自由,并将确保我们获得光荣的独立。在自由而庄严的各州,它将成为我们的后盾。我们不能设想,由于我们的抵抗,一个分崩离析的垂亡之国就会对美利坚变得较为友好,或变得稍为尊重一点人权，我们因而就可以期望他们出于对权力的追求，抑或出于恐惧而不是德行，重新恢复我们的权利，并补偿我们所受到的伤害。步调一致和英勇无畏将为我们带来光荣的和平，它将使今后为自由奋斗成为理所当然。如果有力量逮住恶狼，却又不拔除它的尖牙，不斩断它的利爪，反而任其逍遥，那么这个人一定是疯子。

我们别无选择，要么独立，要么蒙受最卑劣、最残忍的奴役。在我们的平原上，敌人已经重兵压境，荒芜和死亡就是他们的血腥行径。我们同胞血肉模糊的尸体在向我们呐喊，这喊声仿佛来自上苍。

我们的联盟已经组成，我们的宪法已经起草、制定并获得通过，你们现在就是自身自由的卫士。我们就像罗马执政官告诉罗马人那样对你们说："没有你们的同意，我们的任何提议均不能成为法律。保持你们的本色吧，美利坚人！你们书写了法律条文，你们的幸福也就有了保证。"

你们的士兵已经开赴战场，足以击退所有敌人，包括他们的精锐部队和雇佣军。士兵们的心在自由精神的鼓舞下激烈跳动，他们为正义的事业而群情激奋。他们一旦举起刀剑，就能从上帝那里得到帮助。你们的敌人卑鄙无耻，嘲弄人权，把宗教化作笑柄。他们为了高额赏金，不惜把矛头指向自己的首领和祖国。

继续从事你们伟大的事业吧！你们要为以往的胜利而感谢上帝，并坚信将来会赢得最终胜利。对我来说，除了与你们共享光荣，分担危险，我别无他求。如果我有一个心灵的愿望，那就是：我愿将我的骨灰同沃伦和蒙哥马利们撒在一起，让美利坚各州获得永久的自由和独立！

读完了这段热血沸腾的演讲，我们可以深深地体会到，与外貌相比，良好的口才更是人脱颖而出的资本！而且它比外貌更具优越性：外貌是有期限的，并且有很大的遗传因素；口才不仅没有期限，而且可以靠后天修炼出来。

直通华盛顿
——主宰美国政治命脉的4大家族

如果你没有骄人的外貌,不要为此耿耿于怀,你完全可以通过不断修炼、完善自己的口才,为你的魅力加分。

那么,想要拥有好的口才,应该让自己具备哪些知识呢?当然,知识面越广越好,天文地理,历史经济,什么都要学习,还要能够正确地使用语言,使自己的语言优美动听。具体来讲,应该从以下几个方面多下工夫。

(1)好学上进,加强知识积累。

渊博的知识是睿智的体现,而渊博的知识、睿智的头脑则来源于平时一点一滴的学习和积累。"万丈高楼平地起"、"不积跬步,无以至千里"等名句,说的就是这个道理。一个人要想真正提高自己的演讲与口才能力,就必须尽可能做到读万卷书、识万般理,平时养成多读书看报的习惯。没有人天生才高八斗、学富五车,博闻强记的背后是艰辛的汗水。

(2)关注生活,加强生活积累。

之所以有些人的话别人总不大爱听,就是因为他缺乏生活的积累,净说些不着边际的话,这样是很难打动人心的。所以,要想有好口才,多加强生活积累显然很重要。加强生活积累关键是要走出去,积极面对生活、感受生活,尝试生活中的甜酸苦辣,用眼睛欣赏生活的色彩,用耳朵聆听生活的声音,用心灵感受生活的脉搏。因为,生活不是缺少美,而是缺少发现美的眼睛。

(3)紧跟时尚,把握时代脉搏。

现在的社会进步很快,只有紧紧跟上时代的步伐,说出的话才能够吸引别人。如果你用上个世纪的口气和词语与现代的人来交流,那就只能被人称为"土老帽"了,谁还愿意听你讲话呢?所以,一定要多注意一些时尚的语言,跟上时代的步伐。

(4)崇尚真情,加强情感积累。

"言为心声",口才最重要的是要以情感人,没有感情就等于人没有生命。从表面上看,口才不过是用嘴巴去叙述,而实际上,它是用心、用感情去和听众进行交流。当然,感情不可能凭空产生,它来源于平时的经历和积累。没有丰富人生情感经历的演员不可能成为出色的演员,同样,没有丰富情感经历的人不可能有丰富的情感语言,所以,一定要注意加强个人的感情积累。

写文章讲究"读书破万卷,下笔如有神"。说话其实也是同一个道理,只有自己看的东西多了,才能够说出有水平、有见解、有说服力的话,才能够打动人心。

第二章

约翰·亚当斯

——美国人视为最重要的开国元勋之一

约翰·亚当斯是美国第一任副总统,其后接替乔治·华盛顿成为美国第二任总统。亚当斯亦是《独立宣言》签署者之一,被美国人视为最重要的开国元勋之一,同华盛顿、杰斐逊和富兰克林齐名。

1.脚踏实地、勤劳朴素的生活理念

老亚当斯于1735年10月30日出生在靠北边的一幢房子里，因为这幢房子里诞生了美国第一任副总统暨第二任总统，所以美国人称其为"美国独立的摇篮"，房中的陈设至今仍和当年一模一样。

1784年，老亚当斯代表独立前的美国出任驻英国大使，4年后任期满回国。在此期间，他买下了位于如今的昆西市亚当斯街135号的豪宅，并为其命名"和平田地"。这座大宅子拥有20多个房间，周围是大片的绿地和典型的18世纪风格的花园，亚当斯家族曾有4代人在此生活。

1846年，亚当斯的后人将这幢房子捐献给了国家，从此，这里成为了"亚当斯国家历史公园"的一部分，以纪念亚当斯父子对国家的贡献。

老亚当斯的父亲是一位英格兰清教徒的后裔，他既是制鞋匠，又是牧师、农夫，还兼任着民意代表等职。他一生生活简朴，勤俭持家，把所有的积蓄都用来购置土地，从来不追求享乐。如果单从外表上看，没人会相信他是拥有数百公顷土地的大农场主。

他这种脚踏实地、勤劳朴素的生活理念，深深地影响了儿子约翰·亚当斯。可以说，在自己全部的政治生涯中，亚当斯都在努力践行着这一准则。

如今，很多人都做不到亚当斯这一点，总想着不用付出就能得到，这是不可能。

从身体健康的角度来说，懒惰会使人机体素质下降。由于较少活动，身体得不到锻炼，人体的免疫功能下降，患病几率就会增加。另外，由于体力消耗较少，身体会逐渐发胖，患高血压、动脉硬化、冠心病等疾病的机率也会增加。总之，懒惰会危害身体健康。

从心理健康的角度来说，懒惰使人懒于思考，使大脑思维活动的主动性、灵活性下降，长期如此，还可能导致智力下降。而且，懒惰的人缺乏精神支柱，不明白人生的真谛，不能实现自我价值，难以获得事业成功的愉快体验。

从社会适应的角度来说，懒惰使人不愿付出，只想得到，平日游手好闲，常受到亲朋好友的指责，且得不到周围人的认可，因而会产生人际交往障碍。懒惰的人还常因不愿担负社会责任而受到纪律处罚和舆论批评，存在许多社会适应问题。

总之，懒惰带来的不利影响是巨大的。或许每个人或多或少都带有一些惰性，想战胜你的惰性，勤劳是唯一的方法。

一个铁匠用同一块铁打了两把锄头，摆在地摊上卖。农人买走了其中一把锄头，并且马上就下地使用了起来；而另外一把锄头被一个商人得到，因为无用而被闲放在商人的店里。

半年以后，两把锄头偶然碰到一起，原本质地、光泽、锻造方式都相同的两把锄头现在却大不相同。农人手里的锄头好像银子似的锃光闪亮，甚至比刚打好时更光亮；而那把一直被商人放在店里的锄头却变得暗淡无光，上面布满了铁锈。

"我们以前都是一样的，为什么半年之后，你变得如此光亮，而我却成了这副样子了呢？"那把生满锈迹的锄头问它的老朋友。"因为农人一直使用我劳动啊！"那把光亮的锄头回答说，"你现在生了锈，变得不如以前，是因为你老侧身躺在那儿，什么活儿也不干！"生锈的锄头听后沉默了，无言以对。

从这个故事中我们不难明白这样一个道理：刀越磨越锋利，锄头越用越光亮，人越学越聪明。勤奋和懒惰都是一种习惯，只不过勤奋的习惯使人走向光明，懒惰的习惯使人走向越来越深的黑暗。

所以，我们应该用勤奋筑一道"防护堤"，阻挡懒惰的靠近。

美国著名作家杰克·伦敦在19岁以前从来没有进过中学，但他非常勤奋,通过不懈的努力,他使自己从一个小混混变成了一个文学巨匠。

杰克·伦敦的童年生活充满贫困与艰难,他每天像发了疯一样跟着一群恶棍在旧金山海湾附近游荡。那时,一说到学校,他便是一副不屑一顾的表情,并把大部分时间都花在了偷盗等勾当上。有一天,他漫不经心地走进一家公共图书馆,偶尔中看到了《鲁滨逊漂流记》并阅读了起来。一时间,他读得如痴如醉,并受到了深深的震动,他甚至舍不得停下来回家吃饭。第二天,他又跑到图书馆看别的书,另一个心的世界展现在他面前——一个如同《天方夜谭》中巴格达一样奇异美妙的世界。从那以后,对读书的热爱开始不可抑制地左右着他。一天之中,他读书的时间达到10~15小时,从荷马到莎士比亚,从赫伯特·斯基到马克思等人的所有著作,他都如饥似渴地读着。19岁时,他决定改变自己的现状,他厌倦了流浪的生活,不愿再挨警察无情的拳头,也不甘心让铁路的工头用力按自己的脑袋。

于是,杰克·伦敦在他19岁时进入加利福尼亚州的奥克德中学学习。他不分昼夜地用功,从来没有好好地睡过一觉,只用了3个月的时间就把4年的课程念完了。通过考试后,他进入了加州大学。

他渴望成为一名伟大的作家,在这一雄心的驱使下,他一遍又一遍地读《金银岛》、《基督山恩仇记》、《双城记》等书,然后拼命地写作。他每天写5000字,也就是说,他可以用20天的时间完成一部长篇小说。他有时会一口气给编辑们寄出30篇小说,但它们统统都被退了回来。

后来,他写了一篇名为《海岸外的飓风》的小说,这篇小说获得了《旧金山呼声》杂志所举办的征文比赛头奖。5年后的1903年,他有6部长篇和125篇短篇小说问世,他也由此成了美国文艺界最为知名的人物之一。

一个人的成就和他的勤奋程度永远是成正比的。所以,在被懒惰摧毁之前,你要先学会摧毁懒惰。从现在开始,摆脱懒惰的纠缠,不能有片刻的松懈。

那么,怎样才能培养勤奋的习惯,战胜懒惰的心理呢?

以下是几点克服懒惰的好方法，不妨试一试。

(1)保持一颗进取心。进取心是永不停息的自我推动力，它会使我们的人生更加崇高。拥有进取心之后，那些不良的恶习就没有了滋生的环境和土壤，久而久之，懒惰的习性就会逐渐消失。

(2)学会肯定自我，勇敢地把不足变为勤奋的动力。学习、劳动时都要全身心投入争取最满意的结果。无论结果如何，都要看到自己努力的一面。如果改变方法也不能很好地完成，说明或是技术不熟，或是还需完善其中某方面的学习。扎实的学习最终一定会让你成功。

(3)规律生活。生命的活动是有规律的，起居有常、三餐适时、劳逸适度是身体健康的保证。懒散之人往往散漫成性，生活杂乱无章，睡无时，食无量，身体各系统的功能活动很难与环境相适应，时间久了，身体健康会受到摧残。

(4)使用日程安排表。这个日程表可以帮你把所有事项很有条理地记录在一个地方，并时时提醒你抓紧行动。许多成功人士均有这种日程安排表，如"富兰克林的计划簿"。

(5)在住宅之外的地方学习。人的行为在住宅内外是有很大差异的。家一般是休息之所，故在家里容易松懈。而在家之外的地方，特别是在图书馆等有学习氛围的地方，则会紧张起来。而且，家里供你消遣的东西太多，电视、电脑、电话、食物，这些东西都是能诱使你分心的"潘多拉魔盒"。离开了家，也就离开了这些诱惑。

(6)睁眼即起，尽早开始学习。懒惰的一个主要表现就是赖床，克服懒惰，首先要克服赖床的坏习惯，做到睁眼即起。史学家司马光为了克服这种毛病，自制了一个圆形物体做枕头。他只要一觉醒来，身体一动弹，"枕头"就会滚动开来，催促他及时起床。

任何事物都是习惯性的。一件事情，只要开了头，后边就不好再停顿下来。因此，决定下来的事情，就要立即去做，并坚持下来。

2.安排好自己的时间——"我没有空去看歌剧"

在以亚当斯为蓝本的电影中,他说:"我必须研究政治和战争,这样我的儿子们才能够学习数学和哲学。我的儿子们应该学习数学、哲学、地理、博物、造船、航海、商业和农业,这样他们的孩子们才可以学习绘画、诗歌、音乐、建筑、雕塑、织物和瓷器。"

这句话在剧集中是亚当斯任驻法国特使时在伯爵夫人的宴会上说出来的。当他被问及看不看歌剧时,他答道:"我没有空去,我必须研究政治和战争……"这个回答博得了法国人的尊重和掌声。剧集中,法国翻译把他的话翻译成法语给听众后,还补充了一句非常俏皮的话:"你们瞧,他全都安排好了。"

也许你腰缠万贯,也许你一贫如洗,但有一样东西是大家都拥有的,那就是时间。时间虽然不会嫌贫爱富,但它也不会为谁停留,它给每个人的都一样多,而且,该走的时候,它会义无反顾地离开,没有任何回头的余地。

因此,我们要在有限的时间内做出有效率的事情。我们要不断学习、不断锻炼,让自己的能力再提高一步;我们要感到时间的紧迫和生命的短暂,让每一分每一秒都过得有价值。

美国很多总统都毕业于哈佛,而哈佛的学生对于时间是极为重视的。他们一入校就会接受时间管理的理念,在他们的生活中,无论是学习还是做事,都以效率为先,从不肯让时间白白流走。在他们的头脑中,接受的是这样一种思想:时间对于人类的意义,取决于我们怎样合理和充分地利用它。对于智者来说,它是伟大的祝福,能使智者的生命和精神走向永恒;对于愚者来讲,它是无穷的祸患,给患者留下的是绵绵无尽的悔恨和无可挽回的损失。因此,他们认为,凡是有理想、有大志的人都能很好地把握时间,让时间的效用得到最大发挥。他们经常谈到威尔逊的例子并以此为榜样。

美国副总统亨利·威尔逊出生在一个贫苦的家庭,当他还在摇篮里牙牙学语的时候,贫穷就已经向他露出了狰狞的面孔。威尔逊在10岁的时候就离开了家,在外面当了11年的学徒工,每年只能接受一个月的学校教育。

但即便是在如此艰难的条件下,威尔逊也坚持读书学习。他节省每一个硬币,除了必要的生活开销,剩下的钱都用来买书。他还抓紧一切机会来学习,只要有可能,他就能从中让自己学到东西。

就这样,在他21岁之前,他已经设法读了1000本好书——这对一个农场里的孩子来说,并不是件容易的事。在离开农场之后,他徒步到100英里之外的马萨诸塞州的内蒂克去学习皮匠手艺。他风尘仆仆地来到波士顿,在那里,他看到了邦克希尔纪念碑和其他历史名胜。

刚过完21岁生日后,威尔逊就带着一队人马进入了人迹罕至的大森林,在那里采伐圆木。威尔逊每天都是在天际的第一抹曙光出现之前起床,然后就一直辛勤地工作到星星出来为止。

无论身处怎样艰苦的环境,威尔逊先生都一直在告诉自己,不让任何一个发展自我、提升自我的机会溜走。的确,很少有人能像他一样深刻地理解闲暇时光的价值。他像抓住黄金一样紧紧地抓住了零星的时间,不让一分一秒所作为地从指缝间白白流走。正因为此,他最终取得了辉煌的成就。

时间不会等着你,只有珍惜时间的人才能处处取得主动的地位。

3.正直、独立的"新英格兰农夫"

约翰·亚当斯有着聪明的头脑，而且每个人都知道，他为人公正、诚实。他以国家利益为重，即便在政治上对自己不利，但只要他认为这样做对国家有利，他就会坚持做下去；他的直率有时会使自己失去一些朋友，但他的诚实也使政敌不得不尊敬他；他生性独立，具备新英格兰人特有的传统品质……他的这些道德品质，主要继承自他的家庭。

亚当斯很崇拜自己的父亲，似乎没有任何言辞可以表达他对父亲的感激之情和对父亲正直人格的敬仰。父亲是约翰·亚当斯所认识的人中"最诚实"的一个，"就他所在的生活圈子和所受教育而言，我再没有听说过比他更睿智、虔诚、仁爱和慈善的人了"。亚当斯指出，父亲诚实、独立的性格和爱国之情激励了自己的一生。

当然，亚当斯诚实、公正的品格的形成也得益于少年时的乡村生活。

每逢礼拜天，少年亚当斯就会和家人与布伦特里镇的其他家庭一起聚集到新教教堂参加宗教仪式。在教堂里，每一个家庭都有自己的座位。在教堂仪式结束时，谁也不准起身离开。于是，教堂又成了本镇的会议大厅。这时，教堂执事们脱下他们身上的教袍，开始履行行政委员的职责。他们当着布伦特里镇上每一个市民的面，办理镇务，做出决策，讨论问题。更重要的是，那些市民有权引起行政委员们的关注，有权对行政委员的争论进行补充。有时候，行政委员的选举也会在这样的镇务会议上进行。在此类选举活动中，布伦特里绝大多数市民均有权投上自己的一票。

这种行政方式给约翰·亚当斯留下了深刻印象。镇务会议上的辩论经常是吵闹不堪的，有时，愤怒的市民们会大声反对行政委员们所做出的决定。镇议会每一次开会，担任行政委员的父亲都要参加。亚当斯对行政委员们的争论特别留心,并且还将每一个问题的典型解决方案看在了眼里:双方先是各抒己见,各执一词;接着,双方又想方设法寻求中间立场;最后,双方终于达成妥协方案。

大约30年之后,约翰·亚当斯将当年观察布伦特里行政委员们处理镇务时所获得的经验带到了费城的州议会,在那里为从英国独立而争辩。1776年3月,即《独立宣言》被大陆会议接受4个月之前,亚当斯已经写出了想法。

他写道:"它应该以小见大,准确体现人民的形象,像人民那样思考、感受、分析和行动。本次立法会议的目的可能就是始终做到严格公正,其代表权应该具有平等性。"

"究竟是什么使人数众多的亚当斯家族的各个支系始终保持健康、和睦、舒适和平凡?"亚当斯后来在书信中解释说,"我相信是宗教。没有它,他们可能会成为浪子、纨绔子弟、酒鬼、赌徒,为饥饿折磨、严寒所冻,也可能被印第安人剥去头皮,等等,逐渐分散并最终消失……"

他的确为自己是"正直、独立的新英格兰农夫"的后代而骄傲。亚当斯毫不怀疑地相信,这种正直和独立是道德修行的最高境界。

4.良好的教育和渊博的学识是成功的基石

亚当斯最引人注目的特点,一是他学识渊博,作为一位政治哲学家,他有着惊人的学问和思想力;二是有着移民到美洲的新英格兰人那种对宗教和道德的执著精神。亚当斯在道德上可谓一个真正的君子。这些都与他所受的教育密不可分。

小时候的亚当斯性格活跃。与同龄人相比,他对批评异常敏感,也会很快对表扬做出反应。很早的时候,父亲就发现他非常聪明,并决定让他今后到哈佛读书,毕业以后当牧师。

小亚当斯最初很高兴到家庭小学读书。在这里,许多孩子们聚集到邻居家的厨房里一起学习,教材主要是《新英格兰识字课本》。当时,教他的老师名叫约瑟夫·克莱弗利。尽管约瑟夫受过良好的教育,但他行为懒散,教学不专心,布伦特里那些聪慧机灵、大有前途的学生深受其害,其中就包括约翰·亚当斯。

14岁时,约翰再也听不进克莱弗利的课了。他跟父亲说他想离开学校,和父亲一起到自家农场上去干活。这使老约翰·亚当斯感到忧虑。亚当斯一家根本不富裕,老约翰有3个儿子,但他只供得起一个儿子去念大学。他感到3个儿子中长子约翰是最有前途的。

约翰·亚当斯曾回忆说:"我告诉父亲我不爱读书,并希望他能打消送我去上大学的念头。"他父亲当时这样答道:"孩子,你将来想干什么?当一个农民吗?那好,我很快就会让你知道农民的生活究竟是什么样子的。你明天一大早就去佩尼渡口帮我收茅草吧!"

"好的,先生,我很乐意。"约翰告诉父亲。

直通华盛顿
——主宰美国政治命脉的4大家族

在18世纪,农民们对方便省力的农业器具知之甚少,农活大部分靠手工完成,有些活还经常需要庄稼汉背负重担才能干完。在遍布石块的地里耕田时,人要跟在骡子后面吃力地扶着耕犁。作为农民的儿子,亚当斯当然清楚务农的艰辛。但是,在父亲面前,他还是执意要去干农活,不愿去上学。

第二天一早,约翰·亚当斯跟着父亲一起去佩尼渡口——尼庞西特河附近的一块沼泽地收茅草。父子俩在湿软的沼泽地上干了一整天,把收回来的茅草拖回自家的农场。干完了一天的活,约翰的裤子上已满是泥巴,由于一直在运送沉重的茅草,手掌磨出了水泡,后背也疼了起来。

当晚,父亲问他:"儿子,你现在对当个农民还感到满意吗?"

约翰并不准备认错,想到返回克莱弗利的课堂上是多么难过时更是如此。他后来回忆道:"尽管这种体力活很累很脏,可我还是回答父亲说我很喜欢。"

一听这话,老约翰·亚当斯有点恼了,随即说道:"可是我不怎么喜欢,所以你要去上学。"让老约翰感到生气的是,一整天筋疲力尽的农活并没有使儿子信服应该重返课堂。

"我已经下定决心要送你去念大学,"老约翰说,"你怎么就不按我的意愿去做呢?"在父子俩的谈话中,亚当斯最后告诉了父亲自己的麻烦在哪里——不是学习本身,而是厌倦老师。

亚当斯父子俩最终找到了解决问题的办法。镇上还有一名老师约瑟夫·马什,他也提供私下辅导。马什与克莱弗利不同,他对教学满怀热情,常给学生出难题。作为回应,他的学生们也刻苦学习,尽量让他开心。

约翰表示他愿意去跟马什上课。当晚,老约翰·亚当斯就去登门拜访了约瑟夫·马什。

"在我就读的那所私立学校,大家都对我很好,我也开始认真学习。"约翰回忆道,"我父亲很快就注意到我对'鸟枪'的热情变淡了,而对书本的兴趣却与日俱增。"

经过一年的辅导,老师认为约翰已经有条件上大学了。此时,约翰·亚当斯15岁。马什和哈佛学院的几个老师谈过后,给他安排了一场面试。

殖民者的孩子很少有机会能够接受到正规的教育,读书的事情最终还是取决于学生自己是否愿意去读以及他们父亲的意愿。当时,绝大多数殖民者都是农民,他们的儿子一长大,就要下地干农活。而约翰·亚当斯的父亲却坚持儿子应该接受最好的教育,这是约翰·亚当斯的幸运——事实证明,这也是整个美国的幸运,因为约翰·亚当斯后来成为了创建美利坚合众国的关键人物之一。

5.把读书当成终生的乐趣

在教育方面,亚当斯的父亲还有另一个重要的功绩,那就是在儿子小时候培养了他爱读书的习惯,这为亚当斯后来能自学各种学问以及养成把读书当作生命的精神起了奠基的作用。他爱好阅读,沉溺于学者式的思考,这种无止境的爱好始终激励着他。

自从父亲教他识字读书以来,亚当斯已经将家中所有的书都读过了。一生中,读书自始至终都是他的一大乐趣。即使在他不喜欢的约瑟夫教他的时候,他也自学了数学。而在马什校长的调教下,他发生了巨大转变,开始认真学习。14岁那年,亚当斯得到了一本西塞罗所著的《演说集》。西塞罗是古罗马的一位政治家,被公认为是历史上最伟大的演说家之一。亚当斯把这本书前前后后读了许多遍,在扉页上写了6遍"约翰·亚当斯之书,1749-1750"。后来,亚当斯本人也因具有激发听众热情的优秀演说技能而名声大振。

亚当斯也喜欢读英国作家乔纳森·斯威夫特的书。他在读《格列佛游记》时感到津津有味,十分喜欢书中小人国里那些被称为"利立浦特人"的小人和大人国里那些被称为"布罗卡丁奈格人"的巨人。但是,该书的内涵远不止表面所看到的那样只是一个幻想故事。实际上,作者是在批评不道德行为,在讥讽坏习惯,在谴责一些人,而且还借此抨击英国社会中的政客以及其他一些统治者。在另一篇作品《一个温和的建议》中,斯威夫特更是将英国欺压爱尔兰的丑恶行径狠狠抨击了一番。亚当斯对斯威夫特那种直言抨击英国社会不公正现象的勇气敬仰不已。

亚当斯最喜欢读的另外一本书是法国牧师查尔斯·罗林写的历史评论《纯文学教学法》。从根本上讲,罗林极力主张读者要研究历史。亚当斯将他的这一主张作为经验加以接受。不久,亚当斯就认识到了这样的道理:人们只有认识到过去的错误才能真正有望将未来建设得更好。

"我永远在读书",他后来回忆道。在他有生之年,他几乎天天以书为伴。

亚当斯以西塞罗、塔西陀等人为自己的楷模,阅读他们的拉丁语著作。他还阅读柏拉图和修昔底德等人的希腊语原著,认为希腊语是最杰出的语言。但正如他指出的那样,想了解人性之"谜"时,他更偏向于阅读莎士比亚、斯威夫特等人的作品。出外旅行时,他也会带上塞万提斯的作品或是一卷英国诗集。他曾经告诉自己的儿子说:"只要包里有诗,你永远都不会感到寂寞。"

他的博学和深刻在美国独立这一重大历史关头显现了作用。

6.留给后世以宝贵的思想财富

1774年，约翰·亚当斯被选为马萨诸塞州的代表去参加大陆会议。他渴望各殖民地团结起来向大不列颠宣战，但他很快就发现，会议上许多来自其他殖民地的代表太保守，不支持这种强硬的议案，只想采取较温和的行动，呼吁英国国王授予殖民地决定自己税务的权力。他们创立了一个联盟，企图联合起来拒绝跟大不列颠在贸易上来往。约翰·亚当斯在日记中发泄了他的愤怒之情："在会上，诡辩与吹毛求疵是家常便饭。和那一帮子所谓的智者们坐在那儿商议什么请愿书、抗议书或演讲稿是令人感到最羞耻的事。这些伟大的智囊们，这些阴险的批评家们，这些文雅的天才们，这些博学的律师们，这些智慧的政治家们，那么热衷于卖弄自己的学识与才能，那么喜欢表现自己，把他们的会议开得冗长乏味，令人厌烦。"

在以后的几年中，亚当斯在议会中不倦地工作着，他在日记中这样写道："在议会中，我无疑比任何成员干的事情都要多。"整个1775年和1776年的春天，约翰·亚当斯最关心的事情就是努力让议会宣布从大不列颠中独立出来。1776年6月，在华盛顿的军队准备保卫纽约城阻止英军侵略的危急关头，议会选举了一个《独立宣言》起草委员会，约翰·亚当斯是这个委员会的成员之一。在7月第一周，最后辩论殖民地是否宣布独立之时，亚当斯挺身而出，领导大家为自由而斗争。正像杰斐逊后来所描述的那样，他讲话中"那强有力的思想和表情使我们激动得站了起来"。当议会终于为独立而投票表决时，只有纽约投了弃权票。

后来，在任美国驻英国的外交使节的3年里，亚当斯写出了那部共分3卷的政治哲学巨著《保卫美国宪法》，留给后世以宝贵的思想财富。

7.高尚的品格造就伟大的人物

　　亚当斯的家人和朋友都知道,他既是一个虔诚的基督徒,又是一个具有独立思想的人,而他认为这毫不矛盾。个人的独立精神也影响到了他对待国家的态度。亚当斯是《独立宣言》的起草人之一,他坚决支持美国从英国独立出来。作为出席在费城举行的大陆会议的代表,在不到一年的时间里,他迅速成为这项爱国主义事业中最"明智而有说服力"的人之一。就像他费城的朋友本杰明·拉什解释的那样:"他一眼就能看透事物的整体,并且……大胆表达自己的观点,毫不畏惧其他人的看法和自己这样做的后果……他根本不懂得掩饰自己。"

　　作为政治家,诚实、正直、公正是他为政的灵魂。亚当斯从政之前从事律师工作,这更要求他公正。

　　当律师是时,他办的最著名的一个案子,是为1770年3月5日在波士顿大屠杀中向人群开枪的1个英国船长和8个战士辩护。一接手这起案子,亚当斯就明白,他会为此而失掉爱国的好名声。然而,他强烈地感到,英国当局在波士顿驻扎军队屠杀波士顿平民比这些具体开枪的战士的罪行要严重得多。亚当斯和他的合作者乔赛亚·昆西打赢了这场官司,这位英国船长和6名战士被判无罪,另2名战士对大屠杀负有较小的罪责。虽然许多波士顿的爱国者都谴责亚当斯保护了这些英国士兵,但他在办这件案子中所表现出来的公正也广泛赢得了人们的尊敬。1770年底,他被选进了马萨诸塞州议会的立法机构。

　　宾夕法尼亚州代表团是反对派的堡垒,备受尊敬的迪金森是他们雄辩的党派头目。在大陆会议发表演说时,迪金森警告新英格兰的代表说,要是排斥恢复和平的可能性,他们就是"昏了头"。亚当斯立刻跳起来，激烈反驳，以至于他离开会议室时，迪金森还冲了出来，在屋外和他争论。根据亚当斯对当时情景的描述，迪金森愤怒地责问："亚当斯先生，究竟是什么原因使你们新英格兰人反对我们的和解办法？"

"你瞧，如果你们不赞成我们的和平计划，我们中的许多人会和你们新英格兰人断绝关系，然后以我们自己的方式开展反对(独立)的行动。"虽然被迪金森"霸道"的语气深深激怒，但亚当斯仍然平静地回答说，为了团结和睦，他仍然可以协商调和，威胁对他根本没用。

事实上，在争取北美独立的问题上，亚当斯立场之坚定的确起到了改变历史的作用。由于他的不懈努力，终于抵挡住了"妥协派"的压力，争取了多数代表的支持，使独立的决议最后获得了通过。对此，就连杰斐逊也称赞不已，称他是《独立宣言》最坚决的支持者，"为每一个词而进行战斗"，是真正"为独立而战的巨人"。

结合前面所述亚当斯为英国士兵辩护的事例，再看他在美国独立过程中的坚定立场，就不难理解为什么很多美国人都把亚当斯看成道德上的完人。高尚的品格造就伟大的人物，这在亚当斯的身上得到了充分体现。

亚当斯有一句名言，刻画了他内心中对道德的追求："在剧院舞台上，事实上，观众的掌声远比演员对自己的肯定重要。但在人生的舞台上，只要自己的良心鼓掌了，哪怕整个世界喝倒彩都无所谓；相反，如果自己的良心不安，哪怕是整个世界最响亮的掌声也毫无价值。"

8.光辉而痛苦的"第一位子"

1778年,亚当斯开始外交工作,奉命接替塞拉斯·迪恩的驻法国使团成员的职务。但在他到达巴黎不久,马萨诸塞州要召开制宪会议,他只得匆匆返回。后来,他当选为制宪会议的代表,负责起草州宪法。

1780年,他正式被任命为特命全权大使再次赴法,在富兰克林的领导下参加对英和平谈判,后来又到荷兰去签订美荷友好条约。担任荷兰公使后,他做了长期而艰苦的工作,终于在两年之内获得了荷兰对美国独立的外交承认,获得了第一批巨额贷款,并签订了关于发展贸易、金融和安全等一系列条约。

1782年10月底,他又回到巴黎,帮助缔结与英国的和约。谈判中,他参与划定了美国和加拿大的边界线,并争取到了美国在加拿大大西洋沿线的捕鱼权,与其伙伴一道促使英国于1783年9月在《巴黎和约》上签字。1785年,他被任命为首任美国驻英公使,并于1788年2月返回祖国。在此期间,他写成了《捍卫联邦政府宪法》一书,为建立一个强有力的中央政府提供了理论依据。

从1758年亚当斯出任律师到1789年初的31年间,他从办理著名案件到出席大陆会议,担任"战争与军械委员会"主席,参与起草《独立宣言》,再到出使法、荷、英,他卓越的智慧和办事能力在他的国家产生了广泛的影响,所以当这年美国进行第一次总统大选的时候,亚当斯获得了34张选举人票,当选为美国第一任副总统。

"我的国家以其才智为我发明了人类的创造力能够创造,或者说人类的想象力能够想象的最无意义的职位。"约翰·亚当斯这样总结他作为首任美国副总统的职责。

直通华盛顿
——主宰美国政治命脉的4大家族

1796年，美国的政治舞台上弥漫着党派之争的硝烟。杰斐逊的共和党亲法，汉密尔顿的联邦党亲英，都一样坚定不移，两党在内外政策上激烈地争论着。

而这时的华盛顿已经当够了总统，决定引退。他对麦迪逊说，他已年过60，年事日高，身体机能开始衰退，已难以忍受疲劳和操心。他总想回家务农，用锄头来谋取面包而不愿再留在总统的位置上。虽然麦迪逊百般反对，但华盛顿还是发表了"告别辞"。

此时，华盛顿总统明确表示，他推荐亚当斯作自己的接班人。这种认可对亚当斯是至关重要的，因为当时人们很尊重华盛顿的意见。

结果，61岁的亚当斯当选了。他得71票，杰斐逊68票，平克尼59票，伯尔30票。这样，约翰·亚当斯以3票之差位居总统，杰斐逊为副总统。这让失望的共和党人嘲笑亚当斯是"三票总统"。不过，杰斐逊对居于亚当斯之下并没有不满，他说："他总是我的长辈嘛！第二职位是光荣而轻松的，而第一位子是光辉而痛苦的。"的确，没有多长时间，亚当斯就认识到了这一点，他在接过总统位置的同时也接来了一个烫手的问题：美法关系问题。

亚当斯上任后召集了特别会议。为了顾全大局，他主张应继续执行和平政策，并派布里奇·格里·约翰·马歇尔和托马斯·平克尼组成一个使团，赶赴巴黎，与法国政府谈判。谁知他们的对手是拿破仑的外交部长达莱朗——欧洲外交史上臭名昭著的外交官之一。他派了3名官员私下同美国代表洽谈，提了两个奇怪的要求：一是美国给法国1千万美元的贷款；二是美国必须向达莱朗本人馈赠25万美元，然后双方才可以谈判。美方的3位代表听到后气愤已极，他们以3人委员会的名义向亚当斯总统写了一封报告，报告中用X、Y、Z先生代替了3位法国代表真实姓名。这件事在美国外交史上便被称为"XYZ"事件。这起勒索事件在报纸上刊登出来之后，全国人民的情绪都沸腾了起来。美国人最受不了的就是受到不公正的待遇，法国政府这种侮辱人的态度把美国人激怒了。亚当斯总统的威信本来平平，这一时间让他的声望突然猛长,因为他成了保护美国尊严的民族英雄。期间,美国发生了建国以来的第一次学生运动,亚当斯的母校哈佛学院的学生跑上街头,高呼:"我们宁可花千万美元于国防,决不花一个铜板进贡。"亚当斯一贯主张建立海军,但长期以来受到共和党阻挠,现在时机到了,他马上增设了一个海军部,任命了海军部长。在群情激昂的形势下,国会也批准了建立海军的拨款,所以亚当斯称得上是美国海军之父。

"XYZ事件"之后,国内反对亲法的共和党情绪日高,亚当斯乘机打击共和党势力,于1798年签署了"关于处置外侨与煽动叛乱"的4项法案。

早在1790年,华盛顿总统就决定了白宫的所在地,于1792年破土动工。到了1800年夏天亚当斯总统的任期剩下约半年的时候,联邦政府开始迁入新都华盛顿。同年9月,亚当斯总统夫妻搬进白宫,成为白宫的第一个主人。

经过8年的施工,新都仍然没有完全竣工,街道尚未铺好,总统官邸四周没有树木也没有围墙,更没有总统散步的花园,白宫的这般光景使亚当斯十分沮丧。而他的夫人艾比盖尔却显示出了其讲求实际的性格,她在给家乡的人的信中说:"这么大的接见室,没有家具,把这作为晾衣房倒很合适。"后来,当时尚未完工的东厅果真成了总统家晾晒衣服的地方。亚当斯的信念是:"美国总统应当带有欧洲宫廷的某些尊严。"艾比盖尔为体现丈夫的这一信念,每当白宫来客人,就以隆重的礼仪款待客人。

就在亚当斯搬进白宫的几个月后,美国迎来了1800年的再次总统大选。亚当斯本想连任总统,但因共和党亲密团结,联邦党严重分裂,加上亚当斯担任4年总统职务期间,在内政、外交等方面均无显著政绩,而且对人民实行高压政策,这一切都决定了亚当斯在1800年大选中的失败。

联邦党的领袖们虽然对亚当斯缺少好感,但还是抑制着强烈的个人感情,再次推荐他为总统候选人,并推举南卡罗来纳的查尔斯·科茨沃思·平克尼为其竞选伙伴;而共和党人则怀疑他对共和政体的承诺,痛恨他对法国的战争,公开批评他1798年制定的4个法案,他们指定托马斯·杰斐逊和阿伦·伯尔作他们的候选人。竞选中,共和党人大肆攻击亚当斯,称他为白痴、伪君子、罪犯和暴君,说他在总统任期内"邪恶狂热的风暴持续不断",甚至编造了不可能发生的亚当斯的放荡的传说:亚当斯派平克尼将军乘护卫舰去英格兰,采办4个漂亮姑娘作为情人,两个给平克尼,两个给总统。

亚当斯听见这个故事不仅不生气,反而暗自好笑,他公开说:"我以我的声誉声明,如果这是真的,平克尼将军不仅保留了他的那两个,还骗去了我的那两个。"当然,面对着攻击和谩骂,亚当斯也并非全盘接受,他气愤地称汉密尔顿为"阴谋家,世界上最大的阴谋家,不道德的人,一个孬种……"。那是因为汉密尔顿骂他是偏狭的、卑鄙的、自私自利的、反复无常的、古怪的、急躁的和嫉妒的人,甚至攻击他的个人品质有巨大的本质的缺陷。

面对这种局面,他的夫人艾比盖尔哀叹地说:"辱骂和诽谤太多了,足以毁坏和污染世界上最好的人的心灵和道德。"亚当斯在最困难中得到了妻子的安慰,心态渐渐趋于平静。他把这次竞选称为"麻辣刺激的黑酱油",这恰如其分地反映出了美国第一次,某种程度上是最坏的一次咒骂性总统竞选的主要特征。

竞选的结果当然是共和党获胜,杰斐逊和伯尔均获73票而当选,亚当斯和平克尼分别获65票和64票败北。

亚当斯是美国少有的没有连任的总统之一,就是心态再平静的人,竞选的失败也会让人感到羞辱,他当然也毫不例外。因此,离任前,亚当斯向对手发出了最后一击:根据1801年匆匆通过的《法院法》,他在任期的最后几个小时内任命了一大批联邦党人担任法官和较低一级的职务,以便确保联邦党人对共和党的行政行为进行强有力的控制。但他的对手是精明的杰斐逊总统,对方上任不久就把其中的许多人解职了。

沮丧愤懑的亚当斯在新总统就职之日离开了刚住了几个月的白宫,一大早出了城,回到了马萨诸塞昆西的农场,开始了他的退休生活。

9.晚年生活的悲苦与充实

亚当斯在政府中干了20多年，当卸任回到童年生活的马萨诸塞昆西的农场时，他已经65岁了。他把自己的住宅称为"老房子"，这是一个很大的乡村宅第，它的附带屋宅似乎伸向每一个方向，以满足一个有好多人的大家庭。在亚当斯的大家庭里聚居着他的儿孙侄甥，还有一些经济困难的亲戚。

回家后，亚当斯心态久久无法平静，他自认为他在任期内确实为美国做了许多事情，他怎么也弄不明白，他的投票人为什么都转过来反对他呢？经过几个月的思索，他认定自己的行动都是正确的，是投票人不理解他。痛苦的心情使他愿意对任何能倾听的人解释他的失败原因。他曾给一位朋友写信，从信中可以看到这位老人心态已经慢慢地恢复了平静。信是这样写的："我虽然取得了一些成就，但还是被国民赶下了台，丧失了民意和地位。不过我对此并不感到丢脸，因为我没有觉得于心不安。"

想通之后，他很快就适应了平静的生活，大自然的田园美景、清新的空气和浓烈的田野气息使他感到非常的舒服。妻子艾比盖尔对他的温柔体贴和不断的开导，终于使他尽快地摆脱了失败的沮丧，他开始每天随着太阳的第一线曙光起来辛勤劳作。脱下礼服，换上工作服，他俨然成了一个非常纯朴的庄稼汉。就他的外表而言，谁也想不到他曾经是主宰美国命运的总统。户外劳动使他的身体更为健康。阳光、晨露、微风、雨雪仿佛是奇妙的化妆师，它们给这位卸了职的总统涂抹上了一层黑红的健康肤色。

这位永不失闲的老头，一度渴望重操律师旧业。但是由于他患了前声带疾病，并且牙槽溢脓，大部牙齿都掉了，而这个倔老头儿又不愿带当时那种不舒服的假牙,说话自然口齿不清,所以他对自己说:"我最大的遗憾是不能重当律师。做了律师,我就会暂时忘了自己曾经做过美国国会议员、外交部长和总统。可惜我不能说话。"这个时候,他的儿子约翰·昆西·亚当斯劝父亲做一些轻体力劳动的事,他建议父亲写一部自传。一开始,亚当斯并不同意这样做,直到离任总统3年之后,他才同意了儿子的建议,拿起笔来静心地写自传。这样一来,他的精神有了寄托,心情便好了很多。他最开心的是当他把一节节自传写好后和他的夫人艾比盖尔一起阅读的时候,颇有才华的妻子不仅帮他回忆起一些细节,还帮他在个别的字句上加以润色。

卸任之后,他对政治仍怀有兴趣。他是杰斐逊总统的反对派,认为这个政府肆意糟蹋民主政体,批评杰斐逊总统领导不力、政策不行。当人们议论国家可能要分裂的问题时,他忧心忡忡,并把这些问题归咎于即将做满第二任总统的杰斐逊。但是在杰斐逊离开白宫后,亚当斯对这个曾经击败过他的人开始采取和善态度,他们两人通过书信来往,化解了彼此的分歧,重享他俩在独立战争时期曾经有过的亲密友谊。从1811年到1826年,俩人来往的信件超过了200封。在来往的书信中,他们探讨了一切他们认为需要探讨的问题。从中我们也可以看到大量沟通信息,热情而赋于朝气的讨论可以使他们忘却岁月的刀痕,心态自然会年轻起来。可能也是基于这个原因,亚当斯的晚年除了把时间花在农场、读书、写作、通信上,还花了一部分精力在组织活动上,看看他的社会职务:美国艺术科学院院长、马萨诸塞州农业促进会成员和哈佛大学视查委员会委员。

亚当斯生活节俭,尽管他从来没有富裕过,但也设法积攒了一些钱,并将积攒下来的1万美元资本投入到一家伦敦公司里。但不久这家公司便破了产,他投入的1万元资本也搭了进去。所幸的是妻子艾比盖尔善于持家,把一个大家庭撑了下来。亚当斯有过5个子女。长女阿比盖尔·阿美利亚所受的教育和同时代一般的美国女性没有什么两样,但在性格上父母亲却对她产生了巨大的影响,尤其是父亲的独裁作风,使她养成了文静怯懦、百依百顺的性格。这种讨厌的性格,再加上父母的阻止,使她不得不和自己心爱的恋人罗亚尔·泰勒律师分道扬镳。结果她所嫁的父亲的助手威廉·斯蒂芬并不爱她,没给她带来幸福。二女儿苏姗幼年夭折,才活了1岁多一点,亚当斯夫人曾为此痛苦了很长一段时间。

除此,他还有3个儿子。长子约翰·昆西·亚当斯曾经是哈佛大学最出色的学生,他优异的成绩是以牺牲个性的发展为代价的,父亲经常给他灌输出人头地的意识,使他养成了卓越出众但又孤芳自赏、过分严厉的性格。1825年,约翰·昆西被选为美国第6任总统。他的另外两个儿子是查尔斯·亚当斯和波尔斯顿·亚当斯。二儿子因酗酒过度在父亲下台前就已死去;小儿子则是个地地道道的普通人,曾是费城一名出色的律师。

岁月无情地流逝,到了亚当斯75岁以后,他经常要面对死亡。按照我国的俗话说,就是"黄杏不落青杏落,白发人送了黑发人",巨大的悲痛常常袭击着他。一个尚在襁褓中的孙女在亚当斯诞生的屋中死去,他悲痛地呼喊:"为什么我倒活了75岁,而那朵玫瑰花却在蓓蕾期夭折?"更令他不能接受的是他心爱的女儿阿比盖尔,因患乳腺癌回家养病,不到3个星期便死了。他给杰斐逊写信说:"这封信我是再也写不下去了,你的朋友——我唯一的女儿,昨天以49岁去世……她一直是我们大家中间最健康、最结实的人。"

1818年,在亚当斯夫妇庆祝结婚54周年后不久,他的妻子艾比盖尔突然中风,既不能动弹,也不能说话,到11月10日,她终于在丈夫的守候下过世了。

亚当斯在经历了这一连串打击之后,也出现了健康问题。他时常头痛、心口灼热,虚弱的体质使他行动迟缓,连写字都得忍着巨大的痛苦,后来不得不口述信件。坚强的他无法从失去艾比盖尔的悲痛中振作起来，他给一位朋友写信说："我的房子是一个悲区……在整个一生中，我从不像此刻那么茫然不知所措，那么痛苦而不能抑制。"但他终究是个坚强的人。不久，大儿子约翰·昆西成为美国的国务卿，他为此感到骄傲，1820年，他以85岁高龄被昆西市民召去作代表，出席州代表大会。对此，他喜出望外，因为人们没有遗忘他。1826年，亚当斯已经89岁，他的儿子约翰·昆西·亚当斯经过激烈的斗争当选为美国第6任总统，他激动得老泪纵横，这给了他为生活而斗争的新理由。

同年，他又收到了出席在波士顿举行的建国50周年隆重庆典的邀请，但他身体太虑弱了，不敢冒险出门，只好推辞了邀约。1826年7月4日早晨，他陷入了昏迷状态。午后不久，他醒了过来，断断续续说了这么几个字："托马斯·杰斐逊……"最后一个词听不清楚，后来分析可能是"活着"。稍后，他又苏醒了一会儿，什么话也没有说，在黄昏时平静地死于心力衰竭和急性肺炎。他活了90岁零247天。

亚当斯被安葬在昆西的公理会教堂的下面，他妻子墓的旁边。白色大理石墓碑上刻写着长长的墓志铭，这是他的儿子约翰·昆西·亚当斯写的。

这座房屋将是他的虔诚的见证；

他出生的这座市镇将是他的宽容的见证；

历史将是他的爱国主义的见证；

子孙后代将是他的博大精深思想的见证。

这里有一个巧合：这一天是《独立宣言》伟大文件通过的50周年纪念日，也就是在这一天，杰斐逊去世，比亚当斯早几个小时。仅有的两个成为总统的《独立宣言》签署者同时死去，两个伟大的人在这一天同时为他们光辉的一生画下了一个圆满的句号。

第三章

约翰·昆西·亚当斯

——为数不多的学者型总统

约翰·昆西·亚当斯,美国著名外交家、政治家,美国第8任国务卿和第6任总统。他与第2任总统约翰·亚当斯是美国历史上第一对父子总统,小亚当斯也是为数不多的学者型总统。

1.欧洲的求学经历使他获益匪浅

亚当斯家族第一个到达北美洲的人叫亨利·亚当斯,是一位农场主兼商人,原籍在英国的萨默塞特郡。1640年,亨利·亚当斯携家人漂洋过海来到美洲,定居在马萨诸塞的布伦特里。

亨利的孙子是小亚当斯的祖父,名叫约翰·亚当斯(1691~1761),他年复一年地在自己的土地上耕作,农闲时还会做做手艺活,以补贴家用。此外,他还积极参加社会活动,曾先后在市政部门和警察局等机构中任职。热衷于政治似乎是亚当斯家族的一个重要特征。小亚当斯的父亲便是大名鼎鼎的美国第二任总统约翰·亚当斯(1735~1826,与其父同名),他在小亚当斯任总统时去世,小亚当斯的一生都生活在他的影响之中。小亚当斯的母系祖先可以追溯到英格兰国王爱德华三世。他的曾外祖父叫约翰·昆西,是马萨诸塞一位著名的政治家,曾任州长会议主席,在小亚当斯出生后不久去世。由于受到良好的家教,小亚当斯的母亲艾比盖尔·史密斯·亚当斯是一个既开明又博学的贤淑女性。

小亚当斯是家中的长子,童年和少年时代是在独立战争中度过的,战火纷飞的岁月给他留下了深刻的印象。8岁那年,他与父亲共同目睹了邦克山战役的惨烈景况,这使他第一次萌发了为美利坚民族的伟大事业而奋斗的信念。由于战乱,小亚当斯是在家中接受的启蒙教育,母亲在小亚当斯身上倾注了大量心血和殷切的期望,设法培养他多方面的才艺。10岁时,他已能熟练地背诵莎士比亚的许多名作。由于父亲长年在外忙于公务,少年亚当斯不得不担负起家庭中男子汉的责任,这进一步促成了他的早熟。

从10岁开始,小亚当斯便随同父亲长期出使欧洲。他先后在一些著名的学校和科学院读书，其中包括巴黎的帕西学校和荷兰的莱顿大学，这是他住读时间最长的两所学校。主要学习文学、自然科学、美术、音乐等科目，课余时间则由父亲指导学习法律和政治学。

欧洲的求学经历使小亚当斯获益匪浅。当时，他已经精通五国语言，对于国际事务的了解甚至超过了许多职业外交家，并且深受欧洲历史文化和启蒙精神的熏陶。

2.具有典型双重性格的青年外交官

1781年,小亚当斯担任美国驻俄国的外交官弗朗西斯·达纳的秘书。虽然他当时只有14岁,并且是第一次涉足外交界和政坛,但他已经在尝试用政治家的眼光去看问题。15岁时,他离开俄国前往海牙与父亲会合,只身横跨整个欧洲。这次旅行大大开阔了他的眼界,丰富了他的人生阅历。

回国后,小亚当斯进入哈佛大学二年级就读。虽然此时父亲已经是一位享誉国内外的著名政治家,但小亚当斯毫无纨绔子弟的不良习气,他志存高远,刻苦攻读,在历史学、古典文学以及数学等方面都获得了长足的进步,最终以年级第二名的优异成绩毕业。随后,他专心研修法律,结业后进入律师界。

小亚当斯虽然精通律师业务,但多年的海外生活使他的热情全部转移到了政治领域,因此他把主要精力用在了写作政论文章上面。此时,小亚当斯在政治上主要受父辈的影响,坚信联邦主义的各项原则,是一名持独立见解的联邦党人。

这时的小亚当斯已是一位20岁出头的青年。他身高5英尺7英寸,衣着朴素,仪表堂堂。虽说患有神经衰弱等多种慢性病,但他的身材匀称而矫健,办起事来有一股坚持不懈的韧劲,再加上说话的声音很高,所以总是显得精神饱满。他的业余爱好很广,喜欢打台球、读书、记日记、骑马、看戏、种植花草、到大自然中漫步,还喜欢品尝美酒。他还有一个怪癖:喜欢在河中裸体游泳。这个习惯伴其终生。他还是一个虔诚的基督徒,会按时做礼拜,每天都要诵读《圣经》,但并不相信上帝能主宰一切,认为宇宙和天地万物有其自身的运动周期和规律性。

小亚当斯既感情丰富，又含而不露，显得颇有城府，具有典型的双重性格。他的政敌们对他的印象很糟糕，说他孤僻冷漠，令人难以接近。但就是这样一个人，却成了一位颇有作为的外交官，并最终登上了美国总统的宝座。

当时，由英法矛盾所引发的国内党争正在日益激化，华盛顿政府奉行的外交政策遭到了民主共和党人的猛烈抨击。由于小亚当斯发表的文章一再为政府辩护，其政治主张为华盛顿总统所赏识，而且，他是为数不多的精通多种语言并通晓国际政治的美国人，所以，1794年，他被任命为驻荷兰公使，当时他只有27岁。

早在独立战争期间，老亚当斯经谈判向荷兰贷了一笔数目相当大的贷款，以支持独立战争和美国的信用。小亚当斯的使命是维护美荷之间的友好关系，观察欧洲的政局变化，并帮助美国政府逐步偿清贷款。但此时欧洲的局势急剧动荡，在他到达荷兰时，这里已处在拿破仑军队的占领下。第二年，他在出使葡萄牙的途中得到急电，父亲已就任总统，任命他为驻普鲁士公使。

小亚当斯出使普鲁士4年，其间，他的政治和外交能力有了很大提高，工作成绩也十分卓著，甚至美国政府常常根据他提供的情报来制定对外政策。

1799年，他与普鲁士签署了《普鲁士—美国条约》，促进了双方的贸易往来。

1801年，小亚当斯离任回国。这时，父亲已经卸任，小亚当斯未能再获得外交官职位，只得回波士顿重执律师业。

1802年，他被选入马萨诸塞州参议院。这一时期，他成了国内政坛上最活跃的青年政治家之一，政治声望不断上升。

1803年，小亚当斯在联邦党人的支持下当选国会参议员，但他坚持按照自己的原则独立行事，而不肯听任该党党魁的操纵。他支持杰斐逊总统的重大决策,赞成路易斯安纳购地和禁运(小亚当斯之所以赞同购买路易斯安纳是从国际政治的角度考虑问题,他认为此举将使法国在北美的势力受到最沉重的打击),这些举动使他大大超越了党派的界线,触怒了某些党内强人。于是,联邦党领导人着手策划把他排挤出参议院。对于同党们的阴谋,小亚当斯早有预料,他于1808年6月毅然辞职,告别政坛,进入哈佛大学任教,充分展示了他在语法修辞和语言学方面的才华。

1809年,詹姆斯·麦迪逊出任总统,他没有忘记小亚当斯对共和党人的支持和为此付出的代价,立即派他出使俄国。这一重要任命重新激发了小亚当斯的政治热情和雄心,他立即带上妻子和小儿子匆匆踏上旅途。小亚当斯是首位为俄国正式接纳的美国公使。

此时,小亚当斯已经是一位成熟的政治家和外交官。由于欧洲所发生的重大事件大都由他传至华盛顿,而政府又很重视他的意见,因此他对政府制定外交政策产生了很大影响。小亚当斯与沙皇亚历山大一世建立起了特殊的友谊,他经常与沙皇聚会聊天并充分利用这一关系为美国谋利。

在他的游说下,俄国允许美国商船自由地利用俄国的港口,美俄贸易也得到了较快的发展。通过俄国,美国还改善了与北欧国家的关系。

1812年俄法战争爆发后,小亚当斯与俄国人共享遭受入侵和最后胜利的忧乐,并把这段曲折的历史写成了精彩的报告,传回国内。此时,美国第二次独立战争爆发,他认为战争是一件不应该发生的事情,但或许是对美利坚民族的一次考验。

1813年,小亚当斯参与并领导了与英国进行的关于结束第二次独立战争的谈判。谈判进行得十分艰苦,一直持续到1814年圣诞前夕,双方才达成协议,签署《根特条约》,最终结束了战争。

1815年时他出公差到巴黎,正巧碰上了拿破仑从囚禁地厄尔巴岛凯旋回归,重建他的帝国。小亚当斯怀着惊叹和复杂的心情目睹了这段历史。在出使俄国期间,他还被任命为美国最高法院法官,但没有赴职。

1815年,麦迪逊总统任命小亚当斯为驻英公使,于是,他又回到了年轻时与父亲住过的伦敦。小亚当斯的使命是促进美英双方贸易的发展和关系的正常化,为此,他付出了巨大的努力,与英国签订了几项重要的商务协定。

1817年,门罗就任美国总统,鉴于小亚当斯丰富的外交经验,门罗任命他为美国国务卿。小亚当斯一直任职至门罗总统卸任,他的竭诚努力是门罗政府在外交上取得一系列成果的保障。在任期间,他继续执行其前任的欧洲政策,为美国在美洲领导地位的形成起了重要作用。他是一位更为强硬的民族主义者,主张把美国的领土扩张至整个北美洲,并使美国成为全世界受压迫者的避难所。

3.命运多舛的家庭

年轻时的小亚当斯精力充沛、感情细腻,爱情生活充满浪漫情调。他的初恋是在法国经历的,他首次看到一位女演员的演出就成了她的崇拜者,但由于天生的虚荣心作怪,他始终未能当面向她表达爱意。多少年来,她一直是他心目中最完美的形象。

在婚前所接触的女性中, 他与玛丽·弗雷泽之间的爱情最浪漫深沉。相恋时,他们都在20岁上下,相互难分难舍。但母亲告诉他:过早的恋情会断送一个有才华的年轻人的远大前程。最终,理智终于拆散了这对情侣。

出使欧洲时, 小亚当斯在伦敦巧遇了他的童年好友路易莎·凯瑟琳·约翰逊,遂约定了终身。路易莎时年22岁,身材窈窕,气质高雅,她的父亲是美国的一位外交官兼商人,母亲是一个地地道道的英国人,而她本人也出生于英国。老亚当斯起初反对儿子与外国人结婚,但很快就转变了态度,赞成这门婚事,所以路易莎成了美国历史上唯一一位出生于外国的第一夫人。二人感情甚笃,婚后生活可谓幸福美满。但这一婚姻并非没有经历考验,路易莎长期患病,跟不上丈夫快节奏的生活步伐,生活方式也有很大差异,因此常郁郁寡欢,极为敏感,甚至有时会产生幻觉,感到周围的人在虐待她。

小亚当斯和路易莎共育有4个孩子,但除了小儿子查尔斯算得上寿终正寝,其他几子或英年早逝,或幼年夭折,十分不幸。其中,小儿子查尔斯·弗朗西斯·亚当斯是他们的骄傲,后来成为著名的废奴战士和外交家,内战时期被林肯总统任命为驻英公使,在使英国对美国内战保持中立立场上发挥了重要的作用。

乔治·华盛顿·亚当斯

约翰·昆西·亚当斯和路易莎·凯瑟琳·约翰逊的第一个孩子

生于：1801年4月13日

出生地：德国柏林

卒于：1829年4月30日

死亡年龄：28岁

死因：溺水

教育：家教，预科学校，哈佛大学

职业：律师

配偶：无

子女人数：1人

乔治·华盛顿·亚当斯出生在德国柏林，当时他的父亲正任美国驻普鲁士公使。由于适逢乔治·华盛顿去世一周年，他因此而得名。这个令人敬畏的名字寄托了父亲对长子的厚望。母亲路易莎在生他之前曾几次流产，因而他的出生非常困难。或许这次难产已经为乔治将来难以遂父亲的心愿定下了基调，这个名字以及父亲寄与他的希望是这个年轻人所无法实现的。

童年的乔治表现出了卓越不凡的才华，但他的祖父、美国第2任总统约翰·亚当斯告诫说：“乔治是块宝玉，有无比的天赋，但像其他的天才一样，他需要精心培养，以免成为歪才。”

可惜生性敏感、爱好音乐艺术的乔治从未接受过“精心的培养”，恰恰相反，他从小就在父亲的责骂和命令声中长大，还不时被劈头盖脸地教训一通。

由于家人认为他神经紧张，发育过快，身体不好，因此，乔治在上哈佛大学前一直是在家里接受家教。到了哈佛，小亚当斯会不时去信规定他生活的方方面面，告诉他什么时候该学习，什么时候该玩，并提醒他记住自己是亚当斯家族的一员,记住"(我的)儿子不仅要保持他自己的荣誉,还要保持前两代的荣誉"。小亚当斯认为乔治对于诗歌和文学的热爱与家族名誉不符。似乎是为了证实父亲的观点,乔治参与了学校的一场学生动乱,不过,他还是顺利从哈佛毕了业。1824年,乔治被接纳为马萨诸塞州律师会成员,在波士顿开业做律师。1825年,乔治的事业达到顶峰,当选为马萨诸塞州立法会成员。这一期间,乔治似乎开始实现父亲的愿望,他接管了家族在波士顿的产业,一时让家族颇为欣慰。

父亲在白宫时,乔治常去华盛顿特区,在此期间,他爱上了住在白宫的表妹玛丽·凯瑟琳。由于小亚当斯是玛丽的监护人,乔治便请求父亲允许他和玛丽结婚。父子二人达成协议,乔治再做四五年律师,之后再考虑结婚的问题。于是,乔治又回到波士顿继续工作。

乔治不在时,玛丽·凯瑟琳爱上了他的弟弟、住在白宫的约翰第二。最后,玛丽解除了与乔治的婚约,嫁给了约翰第二。从此,乔治不再维持表面上对家庭和事业的忠诚,开始荒废律师业务,欠债累累,整夜在外酗酒。

1827年夏天,乔治的母亲去波士顿照顾病中的儿子,在给小亚当斯的信中写道:乔治"跟以前一样,还是那么骄傲自负,狂热却又胆怯,自由散漫,待人冷漠,行为古怪"。

1829年春,乔治去华盛顿看望家人,见到他的人都觉得他行为古怪、身心异常。1829年4月29日,乔治称他头疼得厉害,于是离开华盛顿,经纽约返家。

在船上,他对同行的旅客说他发现有人在跟踪他。4月30日凌晨3点,他找到船长命令停船,要求下船,然后就失踪了。后来有人在船尾看见了他的帽子。两周后,人们在纽约锡蒂岛附近发现了他的尸体,调查结果只知道他从甲板上跌落或跳了下去。他的尸体被运回家乡布伦特里郡埋葬。

乔治死后不久,人们发现了他生活的另一面。有文件证明乔治同亚当斯家在波士顿的医生的女仆有个孩子,这段恋情在波士顿地区人人皆知,亚当斯一家对此大为震惊。有人想借此机会敲诈,但乔治的弟弟查尔斯·弗朗西斯·亚当斯代表家族拒绝用金钱来掩盖这一丑闻,敲诈者一怒之下,印发了一份长达44页的小册子。乔治的母亲一直认为她的长子是亚当斯家族政治野心的牺牲品,而查尔斯却评论道:"可怜的家伙,他是自作自受。"

约翰·亚当斯第二

约翰·昆西·亚当斯和路易莎·凯瑟琳·约翰逊的第二个孩子

生于:1803年7月4日

出生地:马萨诸塞州波士顿

卒于:1834年10月23日

死亡年龄:31岁零3个月

死因:酗酒

教育:预科学校,哈佛大学

职业:秘书,总统助理,磨坊主

配偶:玛丽·凯瑟琳·海伦

子女人数:2人

约翰·亚当斯第二英年早逝,他母亲常说他也是亚当斯家谋求政治野心的牺牲品。

在父亲任驻英公使时,约翰和哥哥乔治陪同父亲住在英国,那时的约翰待人热情友善。1817年,亚当斯全家回到美国,根据当时显贵家庭的惯例,约翰上了预科学校,进而在1819年进入哈佛大学。在学校里,约翰体育出色但学业平平。

当父亲知道约翰在全班85人中只排名第45时,一气之下,不许他回家过圣诞节。小亚当斯在一封明显体现他的严厉作风的信中写道:"看见你只能让我感到惭愧羞辱。"被父亲的气愤所激励，约翰努力把名次提高到了第24名，但父亲仍不满意。他告诉约翰，如果他排名在5名之后，他就不参加约翰的毕业典礼。但这个警告没有机会得到证实，因为在1823年毕业前夕，约翰因参加学生动乱，和其他42人一同被学校开除了。

离开哈佛后，小亚当斯把约翰带到白宫和家人住在一起，并让他做了自己的秘书。后来，约翰和曾与他哥哥乔治订婚的表妹玛丽·凯瑟琳在白宫举行了婚礼。在给小儿子查尔斯的信中，路易莎写道：约翰看起来像是"肩负着整个世界的重担，我内心深感焦虑"。这句话预示了未来的不幸。

婚后第一年，约翰和玛丽住在白宫，并生下了第一个孩子。这段生活很幸福，除了总统和政府的工作，就是在家里奏乐、演戏。可惜平静的生活很快就被打破了。

1828年在白宫举行的新年晚会上，总统当着众人的面侮辱了一位叫拉塞尔·贾维斯的客人，当时约翰也在场。由于拉塞尔不能向总统挑战，就提出要与约翰决斗。贾维斯给约翰下了挑战书，但没有回音，这在当时被认为是懦弱的表现。为了进一步侮辱总统，贾维斯决定挑起事端。在约翰从他父亲的办公室去往国会送信的路上，贾维斯在国会大厅截住了他，他揪住约翰的鼻子，煽了他几耳光，但约翰没还手。小亚当斯告知国会说"他的秘书"被"某人"拦截并侮辱，要求国会出资保卫总统办公室到国会的道路的安全，以免此类事件再次发生，明确表示出他反对进行决斗。一时间，新闻界就"揪鼻子"事件大做文章，国会甚至还要求约翰第二和贾维斯接受调查。约翰的母亲认为这一事件毁了她儿子的前途。

此后，约翰离开了白宫，接管了家族的磨坊。生意本来就不景气的磨坊在约翰的管理下最终倒闭，自此，约翰开始酗酒，小亚当斯称"我亲爱的儿子的健康状况每况愈下"。

竞选连任失败后，小亚当斯回到了马萨诸塞州昆西附近的老家。约翰第二仍留在华盛顿附近的磨坊，身体越来越差。1834年10月底，小亚当斯得到儿子病危的消息，他赶到儿子的床前,4个小时后,31岁的约翰第二去世。

约翰的去世加剧了家庭内部关系的紧张，路易莎指责丈夫为了政治野心牺牲了又一个儿子。

查尔斯·弗朗西斯·亚当斯

约翰·昆西·亚当斯和路易莎·凯瑟琳·约翰逊的第三个孩子

生于:1807年8月18日

出生地:马萨诸塞州波士顿

卒于:1886年11月21日

死亡年龄:79岁零3个月

死因:中风

教育:家教,预科学校,哈佛大学

职业:作家,政治家

配偶:艾比盖尔·布朗·布鲁克斯

子女人数:6人

小亚当斯驻俄国和英国时,查尔斯一直跟随着父亲,因此他很小就能说一口流利的法语、德语和俄语。他曾就读于欧洲的学校、波士顿拉丁学院和哈佛大学。1825年毕业后,查尔斯师从著名的丹尼尔·韦伯斯特学习法律。尽管起点很好,但查尔斯却从来没有开业做律师。

22岁时，查尔斯娶了波士顿首富彼得·布鲁克斯的女儿艾比盖尔·布朗·布鲁克斯。婚后,查尔斯改行编辑家庭档案,也时常就经济和外交政策撰写文章,讨论敏感的政治问题。查尔斯是激进的废奴主义者,他甚至帮助黑人争取波士顿立法禁止在公共交通上的种族歧视。

查尔斯的岳父死后给他留了一大笔遗产，这使他能够专心于政治活动。1841年,查尔斯继祖父和父亲之后,当选马萨诸塞州立法会成员。到

1848年,他已成为废奴主义运动的发言人,任全国废奴大会的主席。这个大会是从民主党分离出来的,名为自由土地党。同年,前总统马丁·范布伦和查尔斯被自由土地党选为总统和副总统候选人。但时机尚未成熟,最终,范布伦和查尔斯败给了辉格党的南方候选人扎卡里·泰勒。

1858年入选众议院后,查尔斯对废奴主义运动出奇地沉默,被人讥讽为"沉默的查尔斯"。继祖父和父亲之后,查尔斯也被任命为驻英公使。他在那里备受欢迎,"亚当斯家的这个儿子天生适于此位,家族的声望和妻子的富有为他进入英国社会的核心铺平了道路"。也有人说"他只继承了父亲的名字,却没有父亲的魅力"。

1872年和1876年,查尔斯连续两次被提名为共和党的总统候选人之一。但他提倡的公务改革和国家控制商业政策过于激进,一次也没有被全国大会批准提名。

查尔斯退休后回到波士顿,不再参与社会活动。他一心致力于亚当斯家史的编写,共完成了10卷。1886年11月21日,查尔斯去世。据报纸报道:"他长时间来身体欠佳,由于过度劳累,过去5年里,他一直受到脑部疾病的折磨。"

如果查尔斯不是在错误的时代推行正义的事业,他有很大的机会成为亚当斯家族的第三位总统。

路易莎·凯瑟琳·亚当斯

约翰·昆西·亚当斯和路易莎·凯瑟琳·约翰逊的第四个孩子,唯一的女儿

生于:1811年

出生地:俄国圣彼得堡

卒于:1812年死亡

年龄:1岁

死因:不明

出生在圣彼得堡的路易莎·凯瑟琳生命非常短暂。她出生时,父亲约翰·昆西·亚当斯正任美国驻俄国公使。1814年,麦迪逊总统派亚当斯去巴黎就《根特条约》进行谈判,他妻子最关心的是"孩子将被留在俄国那恶劣的天气里"。

没人知道小路易莎的死因,或许是由于当时的婴儿死亡率太高,或许是因为俄国冬天的严寒,就连她具体的出生和死亡日期都不知道。

4.美国最有才华和作为的国务卿

1818年,经过谈判,美国与英国就美国与加拿大沿海水域的渔业资源问题和双方的陆路边界问题达成了协议,该协议为美国争得了不少利益,并稳定了美加关系。

1818年,佛罗里达危机爆发,美国政府派强悍的安德鲁·杰克逊入侵该地区。杰克逊率军深入佛罗里达,摧毁了一些印第安人的村庄,处死了两名挑起事端的英国人,并驱逐了西班牙总督。消息传来,国内外舆论哗然,几乎所有的人都谴责杰克逊的行为越权,只有小亚当斯一人竭力为杰克逊辩护。在他的说服下,门罗总统也认为杰克逊的做法是正当的,但应归还佛罗里达。杰克逊的军事行为对西班牙人造成了巨大威慑,使他们认识到佛罗里达早晚会落入美国人之手。小亚当斯抓住这一契机,于1819年与西班牙签订了《亚当斯—奥尼斯条约》,美国以500万美元的代价使西班牙将佛罗里达让与美国,西班牙从此不再参与争夺俄勒冈地区。该条约使美国的疆界贯通北美大陆,小亚当斯从中起了关键作用,被誉为"美国最有才华和作为的国务卿"。

小亚当斯还不顾众议院的巨大压力,说服门罗总统暂不承认西属美洲新独立的国家,直到《亚当斯—奥尼斯条约》换文生效后,才正式承认这些国家。此举避免了与西班牙的矛盾激化,对于促使西班牙在《亚当斯—奥尼斯条约》上签字起了微妙而关键的作用,是小亚当斯外交事业中的得意杰作。当然,小亚当斯推迟承认这些拉美国家,也是由于对它们能否建立开明的政治制度持怀疑态度。

另外,在美国东北边界的问题上,小亚当斯顶住了英国的压力,维护了美国国家利益和安全。

约翰·昆西·亚当斯——为数不多的学者型总统

　　在欧洲君主国企图镇压拉丁美洲革命的形势下，美国的许多政治家主张联合英国，反对欧洲列强的干涉。小亚当斯清醒地看到，英国的目的是继续控制美洲，与英国合作会束缚住自己的手脚，妨碍将来谋取更大的利益。因此，他主张美国必须采取单方面行动，他认为：把美国的原则向俄国和法国公开提出，要比作为尾随在英国军舰后面的小艇更率直，也更有尊严。这一建议被门罗总统所采纳，于1823年12月发表了《门罗宣言》。由此可见，在门罗主义产生的过程中，小亚当斯起的作用实际上超过了门罗本人。

　　总之，小亚当斯在国务卿任期的成果相当丰富，他所签订的一些条约、协议以及他所遵循的外交原则，对美国后来的历史发生了深刻的影响。

　　小亚当斯任国务卿时，美国历史正处于所谓"和睦时代"，但他仍看到了分裂的不祥阴影，他在日记中写道：党派的、个人的和竞选中的勾心斗角愈演愈烈，有增无减；政府越来越像一个结党营私的阴谋集团，他们正在策划的不是下一届而是再下一届总统选举，准备进攻和反进攻。但即使小亚当斯本人也未能逃脱这个怪圈。在1824年的美国总统竞选中，他也作了充分的准备和表演。他的3个竞选对手都是大名鼎鼎的南方人：安德鲁·杰克逊、威廉·H·克劳福德和亨利·克莱。在这次竞选中，由于几位候选人的政治主张相似，党派界线模糊，所以选票的分布很不集中，亚当斯居第二位。由于无人获得过半票数，按规定，应由众议院从前三名候选人中选出总统，因此居第四位的亨利·克莱失去了竞选资格，但他的选票去向则微妙而关键。

　　1825年2月的一个夜晚，克莱与小亚当斯进行了一次密商，内容无人知晓。此后，风向便发生了剧变，克莱的选票转投给了小亚当斯，使他成为了第一位在选民票数和选举团票数都少于对手的情况下当选的美国总统。而竞选失败者们则认为他们之间进行了肮脏的交易。

　　一些史学家认为,一心要竞选下届总统的克莱希望出任国务卿(在早期,国务卿一职被认为是通向总统宝座的快车票,有好几位总统都曾当过国务卿),再加上他非常讨厌杰克逊强硬而鲁莽的行事风格,所以他转而支持小亚当斯是完全可以理解的,二人之间充其量是达成了某种默契。果然,小亚当斯出任总统后,即任命克莱出任国务卿,但这位杰出的政治家却始终未能实现自己当总统的宏愿。

5.新国家主义的先驱

1825年3月4日,小亚当斯就任美国第6任总统。选举过程的艰辛和胜利的来之不易使他不敢有丝毫的不满和轻松懈怠。

小亚当斯主张对宪法条文进行更广义的解释,扩大联邦政府的权力,以推进大规模的国内改良。例如,由政府部门有秩序地处理国有土地;征收高关税,以保护国内工商业的发展;由联邦负责人保护印第安人土地,使之免遭掠夺;由联邦政府采取措施,大力发展交通运输业,加快铁路、公路和运河的建设项目;政府应承担起发展科学教育事业的重任,包括创办国立大学、天文台和资助科学研究和探险等。此时期,扩大联邦政府的权力是小亚当斯关注的重点。

但在那个时代,人们对民主的一般理解是要求政府少作为,加之南方各州担心他推行的国内改良计划会冲击奴隶制度,北方的许多人士对于他广义地解释宪法忧心忡忡,因此,他的主张没有在国内得到广泛的支持,致使他的计划大部分落空,只是在发展交通运输业方面有所收获。

在外交领域,他做的也不如任国务卿时出色,一些外交努力由于反对派的抵制而流产。例如,1826年,他支持美国参加巴拿马会议,目的是通过支持拉丁美洲各国之间的合作,增强美国对这一地区的影响力。但由于南方代表在议会中的阻挠拖延,他的这一设想未能实现。对此,小亚当斯感到非常痛心,认为这是对他所倡导的门罗主义的一次沉重打击。

所有这些都束缚住了他的手脚,使他在总统任期没有多少建树。在1828年总统竞选中,主要对手杰克逊又大肆渲染肮脏的交易,使他遭到惨败。他在日记中写道:"我的政治生命犹如天边落日,即将沉沦。"

卸任联邦众议员后,小亚当斯的情绪十分低落,因此未出席继任总统的就职仪式。不久,小亚当斯便返回了家乡,试图在书斋和田园之中寻求解脱。此时他得知,他的长子在一次海上事故中不幸身亡,这使他的身心受到了致命的打击。虽然他对政治生活早已心灰意冷,但马萨诸塞的人们仍对他寄予厚望,于1830年选举他为国会众议员。这使他成为了迄今为止唯一一位卸任后进入国会的前任总统。

在国会中,他如同当年一样以独立人士自居,不愿为党派政治所左右,始终不渝地维护其国家主义原则,反对州权主义;他厌恶奴隶制,曾为逃亡奴隶辩护,认为奴隶制违背人性和国家利益,但在这一问题上持温和立场,主张缓和南北双方在奴隶制问题上的剧烈冲突;他还反对对周边国家的肆意侵略,例如,他反对吞并得克萨斯,并联合一批众议员使吞并计划推迟了数年;他还坚定地支持保留国家银行。

1839年,他支持通过一项议案,规定1845年以后出生的美国人不得为奴隶。但当时国会中的《限制言论条例》阻碍了这一议案的通过。为了取消这一条例,小亚当斯据理力争,收集了大量证据。1844年,他终于促使国会废除了这一条例,为美国反对黑奴制度的斗争作出了贡献。1846年,他还投票反对向墨西哥宣战。有人认为,促使他这样做的主要是他的废奴主义情结。

此外,小亚当斯还敦促有关部门接受了英国科学家詹姆斯·史密森的遗赠,用他的遗产创建了史密森学会,以支持科学事业的发展。1843年,辛辛那提天文台举行奠基仪式,小亚当斯不顾旅途艰辛,长途跋涉赶去参加盛会,因为这是他总统任内未能如愿的一项工程。

担任议员17年的所作所为,使人们更加深刻地认识了这位杰出的政治家,人们幽默地称呼他为"雄辩的老人"。

自从1781年进入外交界,小亚当斯从事公共事务长达65年,从不懈怠。1848年2月21日,他在国会中发言,就反对侵墨战争之事阐述自己的观点,发言后不久就中风了,两天后去世,享年80岁。

1848年2月26日,全体众议员参加了他的葬礼。4年后,他与夫人合葬在昆西公理会教堂他父母的身旁。

第二卷

肯尼迪家族
——最显赫、最古老、最有影响的政治家族

肯尼迪家族堪称美国历史上最显赫、最古老、最有影响的政治家族。除了无与伦比的声望和地位，这个家族身上还笼罩着一个世界性的谜团：肯尼迪诅咒。

半个世纪以来，仿佛受到了一种神秘的诅咒，这个发迹于新英格兰的家族命运多舛，其成员屡屡遭遇飞来横祸，不是重伤、死亡，就是被各种丑闻所缠绕。从一九四一年开始到二零零九年间，已经有近十位『肯尼迪』非自然性死亡。如此多的『巧合』，也成为了这个家族一个难解的谜团。

曾有报纸称：『肯尼迪家族的故事就是一长串讣告……身为肯尼迪家族一员，你就不要指望躺在床上静静地死去。』

第一章

肯尼迪家族的总统梦

——登上权力的最高峰

肯尼迪家族有一个长久怀有的梦想：总统之梦。这个家族中一定要有人成为美国的总统。约瑟夫有一次在教堂里祈祷时就暗暗发誓：我已登上了财富的最高峰，我要让儿子登上权力的最高峰。

1.从爱尔兰来美国的移民后裔

肯尼迪家族是从爱尔兰来美国的移民后裔。1848年,一个名叫帕特里克·肯尼迪的穷苦爱尔兰人乘船漂洋过海来到美国的波士顿,这年他才26岁。他很快在一个制桶厂找到了工作,挣了一些钱后就安顿下来娶妻生子。10年后因染上霍乱去世,照料家庭的责任由他的遗孀承担。

过了一些年,这个家庭中唯一的男孩子帕特里克·约瑟夫长大成人。为了挣钱养家,他退学去码头当了搬运工,干活积攒了点钱后开了一家啤酒馆,做起了发家致富的美国梦。

帕特里克·约瑟夫很会做生意,酒馆生意日渐兴隆。之后,他开始涉足政治,竞选州议会议员成功后,他又娶了富有的酒店老板的女儿玛丽为妻,生下了儿子约瑟夫·肯尼迪。帕特里克·约瑟夫很有远见,为了让孩子接受最好的教育,他把儿子送进了哈佛大学。

约瑟夫·肯尼迪毕业后在父亲的支持下成为了一家银行的董事长,并自称是全美国最年轻的银行董事长。后来的一段历史就是肯尼迪家族的发家史。约瑟夫从事各种投机买卖赚了不少钱,为了儿女们以后更容易进入社交界,他把家搬到了纽约。在积聚了几亿美元的资产后,约瑟夫开始留心政治活动,他特别关注一个很有潜力的总统候选人,此人就是后来大名鼎鼎的富兰克林·罗斯福。

约瑟夫以前就认识罗斯福,认定他就是国家所需要的领袖,而帮助他竞选也有助于自己进入政坛。于是,约瑟夫开始帮助罗斯福筹集资金,还多次陪罗斯福去竞选旅行。不知是什么原因,罗斯福当选总统后并没有对他委以重任,只是任命他出任新成立的证券管理委员会主席,而约瑟夫看中的位子是财政部长。

尽管如此,约瑟夫对罗斯福仍忠心不减。1935年,他"写"了一本关于竞选的书《我支持罗斯福》(实际是请一个记者执笔写成),然后把书寄给罗斯福过目。罗斯福只回了一封短信:"书不错,我很高兴。"

约瑟夫把这个只是张条子的回信当作至宝,装裱好挂在家中,一有客人来就夸耀一番。

对约瑟夫的忠诚,罗斯福给了回报,1937年任命他出任驻英国大使。但是,约瑟夫虽然精于赚钱,在政治上却很笨拙,当了不到3年外交官就被召回国。之后,罗斯福没再任命他担任什么职务,他在政治上从此销声匿迹。但他并不甘心,他要让自己的儿子进入政界,在仕途上登上顶峰。

2.褐石洋房里的总统梦

　　曾经于美国历史上显赫一时的肯尼迪家族，其难以复制的荣耀来源于一位经商父亲庞大的总统梦想。1917年5月底，美国第35任总统约翰·肯尼迪出生在美国马萨诸塞州的布鲁克莱恩小镇，父亲约瑟夫·肯尼迪是一位成功的商人，始终对参与地方政治抱有强烈的兴趣，当他迎娶了波士顿市长的女儿之后，便成功地进入了当地政治的核心圈子。

　　老约瑟夫·肯尼迪的从政梦想很快在肯尼迪家族的成员中得到了彻底的贯彻。据说，在4个儿子年少的时期，老约瑟夫便经常以波士顿街区上的老式褐石建筑来比喻家族的梦想，并一直坚信只有如经得起岁月洗礼的建筑一般世代承袭梦想，才能将其化作现实。

　　一定要再提升梦想，这是我们对成功生活的第一个要求，所以你一定要设计自己的梦想。

　　不要这么轻易地就认为你已经完成了一件事情，终于可以松口气了，更不要觉得人生就会顺理成章地朝着理想状态进发。没有顺理成章的事情，成功与努力永远是一对兄弟，没有努力就不会有成功。你只要松懈一次，你就会失去一次机会，一次成功的机会。

　　梦想的设计必须在年轻的时候做，因为在真正展开人生价值旅程的时候，你会遇到越来越多现实的诱惑和挑战，到那个时候，你想再去冷静下来，去思考你的梦想，而你却已经不再简单和纯粹，你很有可能会因为现实的残酷而迁就现实，不再具有梦想。

　　美国凭借什么力量如此强大？原因很多，但是你会发现美国的文化里有一个一贯坚持的元素，这个元素就叫"永远怀有梦想"。

直通华盛顿
——主宰美国政治命脉的4大家族

中国的电影常讲帝王将相的故事,美国的很多电影却讲述未来世界。人们了解未来宇宙和未来世界,是通过美国人的眼睛和思维方式去了解的,这彰显出了这个民族面向未来的习惯和能力。

熙熙攘攘的伦敦街头,繁华的霓虹灯下,一个可怜的乞丐站在地铁出口处卖铅笔,很多人看也不看一眼便越过他直奔自己的目的地。乞丐正盘算着如何更好地乞讨以解决自己的晚餐时,一名商人路过,向乞丐杯子里投进了几枚硬币,然后匆匆忙忙而去。过了一会儿,商人转回来取了支铅笔,他说:"对不起,我忘了拿铅笔,你我毕竟都是商人。"乞丐犹如遭遇当头棒喝……几年后,商人参加一次高级酒会,遇见了一位衣冠楚楚的先生向他敬酒致谢。这位先生说,他就是当初卖铅笔的乞丐。他生活的改变,得益于商人的那句话:你我都是商人。是这个商人给了乞丐重新定位人生的机会。

故事告诉我们:当你定位于乞丐时,你就是乞丐;当你定位于商人时,你就是商人。定位对于人生举足轻重,一个人的发展在某种程度上取决于自己对自己的评价,在心目中你把自己定位成什么,你就是什么。的确如此,只有在自己内心醒悟的时候,所有的外物才能给我们力量。当确定自己梦想的时候,也就确定了自己内在的力量。

因为人在"做"什么之前,就必定已经"是"什么了。人只能"做"到他所"是"的程度,而我们"是"什么,则取决于我们"想"什么。我们无法显示自己所不具备的力量,要想拥有力量,唯一的途径就是意识到力量的存在,而要意识到力量的存在,就必须懂得:"一切力量皆来源于内心。"

人的内心世界是一个思想、感觉和力量的世界,一个光明、鲜活和美丽的世界,尽管无法描述它,但是它所具有的强大力量却是尽人皆知的。

一旦我们认识到内在世界的能力，我们就能在精神上拥有这种内在的智慧，从而拥有实际的力量和智慧，去形成那些为我们最充分、最和谐的发展所必不可少的本质要素。凡是有内在力量的人，都会产生勇气、希望、热情、信心、信赖和信仰，借助这些，我们会获得非凡的才智去领悟梦想，获得实际的能力把梦想变成现实。

3.野心、决心与行动力

　　不得不承认,老约瑟夫·肯尼迪是一位有野心同时也有决心与行动力的父亲。为了让自己的儿女们更容易进入社交界,他毅然举家迁移至纽约,父亲的良苦用心,年幼的约翰·肯尼迪早有体会。因此,当哥哥不幸殉职后,为实现父亲夙愿的约翰·肯尼迪带领着两位弟弟成功地步入了政坛,并纷纷成为了显赫一时的政治人物。

　　对于一位自降生以来便居住于褐石洋房中的孩子来说,褐石精神的支撑、父亲倾尽所有的培养以及家族荣耀的梦想,始终影响着他的成长。1960年,约翰·肯尼迪终于登上了美国政坛的顶峰,成为了美国历史上最年轻的一位总统。

　　相传于肯尼迪家族的资料记载中曾有这样一段:谈论到约翰·肯尼迪短暂一生的惊人成就,这一切都应归功于传承了几个世纪的伟大建筑褐石洋房,有人说童年美好的人更懂得对理想的完整坚持。

　　正是由于生活在褐石洋房中的美好时光,约翰·肯尼迪才有了良好的心态去承载家族的总统梦想,而在其遭受挫败时,不愿输给一栋沉淀了几世文化建筑的勇敢坚持,最终使其成功铸就了自己人生的辉煌。

4.家族争强好胜,拼命证明自己

约瑟夫·肯尼迪排行第五的女儿尤妮斯·肯尼迪·史里弗说:"父亲总是争强好胜,他总是认为,不得第一就说不上足够好。只要哪个孩子没有得到第一,就会被关在厨房独自一人吃饭。不论我们已经获得了多少个第一,我们还是需要用自己的行动去获得一次又一次的胜利,同时争取父母不断的认可。这个家里规定了严格的纪律条令:吃饭时,孩子们必须在饭前5分钟全部就座,等待父亲;母亲罗丝把报纸上报道当天大事的新闻贴在通往餐厅的走廊上,以便孩子们经过时读上几条,好在餐桌上参加辩论。"

肯尼迪家有两条快帆船,只有在训练和参加竞赛时才会出航。每次出航,肯尼迪都要在港口用望远镜观看,并在结束时讲评一番。有一次,罗伯特在转弯时不慎落入海中,当时他距海岸还有很远,可是小约瑟夫见此情景非但不救,反而扬帆继续航行。孩子们恪守"一切为了胜利"的格言,绝对遵从父命。

现实生活中的众多实例证明:人越是在压力大、处境难、事务多的情况下,越能干出成绩、成就事业。究其原因,鞭策使然。

如果你是一个有上进心和远大抱负的人,那么无论是工作的高标准,还是领导的严要求,或是形势的紧迫性,对你而言都是一种鞭策,而鞭策既是压力也是动力。正是因为有了这些鞭策,你才能不断去学习和工作,去完成一个个看起来很难但经过努力终能完成的任务。在这个过程中,你得到了锻炼,得到了升华,得到了超越,从而实现了自己的人生价值。

一天,拿破仑骑着马穿越一片树林时,忽然听到一阵呼救声。于是,他扬鞭策马,来到湖边,看见一个士兵一边在湖里拼命挣扎,一边却向深水里漂去。岸边的几个士兵慌作一团，因为水性都不好，眼看着这位士兵有溺水的可能，却都不知道该怎么办。

拿破仑问旁边的那几个士兵："他会游泳吗？"

"只能扑腾几下！"

拿破仑立刻从侍卫手中拿过一把枪，朝落水的士兵大喊："赶紧给我游回来，不然我就毙了你！"说完，朝那人的前方开了两枪。

落水的士兵听出是拿破仑的声音，又听说拿破仑要枪毙他，便使出浑身的力气，猛地转身，扑通扑通地游了回来。

拿破仑对那位落水的士兵说"毙了你"，让他陷入绝境，不得不使出全部力量和智能，最终成功自救。这就是心理学上所说的"急中生智"。

一般来说，人在承受意料之外的重压时，都会产生极度紧张的情绪，心理学上把这叫作应激。当情绪处于高度应激状态时，人的激活水平会快速发生变化，表现为心率、血压、肌肉紧张度发生显著的变化，大脑皮层的某些区域高度兴奋。

在这种情况下，人们可能急中生智，表现出平时没有的智力或能力，做出平时不能做的勇敢行为，发挥出巨大的潜能，促使事情发生意想不到的转变。而人一旦无所事事，没有压力，没有鞭策，就会懈怠下来、不思进取、得过且过，最终一事无成。

当然，人不会时时都处于有压力、有动力的境况下，所以要学会自我加压、自我鞭策。如果我们能时常鞭策自己，努力提高思想和业务素质，就能为自己赢得更加广阔的舞台。

自我施压，能强迫自己改掉不良的习惯，同时也是个自我调整和提升的过程。自我施压，等于给自己安上了一个"驱动器"。借助于这个驱动器，能促使你冲破层层阻力，闯过道道难关，成就一番事业。

只有不断地自我加压，勇敢地挑起生活的重担，人生的步履才会迈得更坚实、更稳健、更有力！

第二章

约翰·肯尼迪

——历史的声音和谜团

从1963年到今天,美国人民仍然缅怀约翰·肯尼迪。绝大多数美国人仍然清楚地记得当听到肯尼迪被刺的消息时,他们在什么地方,在做什么。

今天,当肯尼迪的继任者们开创美国新的历史时,大多数美国人仍然试图找寻约翰·肯尼迪遇刺的真相,并以这种方式来寄托对这位美国伟大总统的怀念和崇敬。

1.不要问国家能为你们做些什么,而要问你们能为国家做些什么

50年前,约翰·肯尼迪出色的领导才能、宽厚的同情心、流利的口才以及他对未来的乐观态度曾是无数美国年轻人的榜样。50年后的今天,他在总统就职演说中的那句名言"不要问国家能为你们做些什么,而要问你们能为国家做些什么"仍回响在一代美国人的心中。

约翰·菲茨杰拉德·肯尼迪是美国第35任总统,生于马萨诸塞州。父亲约瑟夫·肯尼迪是金融巨子,也是民主党坚定的后台。作为美国历史上最年轻的总统,肯尼迪自幼受到良好的教育,最后读了哈佛大学和斯坦福大学,1940年毕业。第二次世界大战中,肯尼迪加入美国海军,在对日作战中负伤。战后,29岁的肯尼迪当选为议员,并3次连任。

1960年,肯尼迪参加总统竞选。期间,他提出了"新边疆"的竞选口号,倡导在科学技术、经济发展、战争与和平等各个领域开拓新天地。1961年,肯尼迪在选民投票过程中以极小的差距赢得总统的位置,击败了共和党人尼克松,成为美国历史上最年轻的总统,也是第一个信奉罗马天主教总统。肯尼迪成为美国总统后,布鲁克莱市在比尔斯83号这栋住宅前设立了纪念牌。

下面是他的就职演说全文。

我们今天庆祝的并不是一次政党的胜利,而是一次自由的庆典。它象征着结束,也象征着开始;意味着更新,也意味着变革。因为我已在你们和全能的上帝面前,作了跟我们祖先将近一又四分之三世纪以前所拟定

的相同的庄严誓言。

现今世界已经很不同了，因为人在自己血肉之躯的手中握有足以消灭一切形式的人类贫困和一切形式的人类生命的力量。可是我们祖先奋斗不息所维护的革命信念，在世界各地仍处于争论之中。那信念就是注定人权并非来自政府的慷慨施与，而是上帝所赐。

我们今天不敢忘记我们是那第一次革命的继承人，让我从此时此地告诉我们的朋友，并且也告诉我们的敌人，这支火炬已传交新一代的美国人。他们出生在本世纪，经历过战争的锻炼，受过严酷而艰苦的和平的熏陶，以我们的古代传统自豪，而且不愿目睹或容许人权逐步被褫夺。对于这些人权，我国一向坚贞不移，当前在国内和全世界，我们也是对此力加维护的。

让每一个国家知道，不管它盼我们好或盼我们坏，我们将付出任何代价，忍受任何重负，应付任何艰辛，支持任何朋友，反对任何敌人，以确保自由的存在与实现。

这是我们矢志不移的事——而且不止于此。

对于那些和我们拥有共同文化和精神传统的老盟邦，我们保证以挚友之诚相待。只要团结，则在许多合作事业中几乎没有什么是办不到的；倘若分裂，我们则无可作为，因为我们在意见分歧、各行其是的情况下，是不敢应付强大挑战的。

对于那些我们欢迎其参与自由国家行列的新国家，我们要提出保证，绝不让一种形成的殖民统治消失后，却代之以另一种更为残酷的暴政。我们不能老是期望他们会支持我们的观点，但我们却一直希望他们能坚决维护他们自身的自由，并应记取，在过去，那些愚蠢得要骑在虎背上以壮声势的人，结果却被虎所吞噬。

对于那些住在布满半个地球的茅舍和乡村中，力求打破普遍贫困的桎梏的人们，我们保证尽最大努力助其自救，不管需要多长时间。这并非因为共产党会那样做，也不是由于我们要求他们的选票，而是由于那样做是正确的。自由社会若不能帮助众多的穷人，也就不能保全那少数的富人。

对于我国边界以内的各姐妹共和国，我们提出一项特殊的保证：要把我们的美好诺言化作善行，在争取进步的新联盟中援助自由人和自由政府来摆脱贫困的枷锁。但这种为实现本身愿望而进行的和平革命不应成为不怀好意的国家的俎上肉。让我们所有的邻邦都知道，我们将与他们联合抵御对美洲任何地区的侵略或颠覆。让其他国家都知道，西半球的事西半球自己会管。

至于联合国这个各主权国家的世界性议会，在今天这个战争工具的发展速度超过和平工具的时代中，它是我们最后的、最美好的希望。我们愿重申我们的支持诺言：不让它变成仅供谩骂的讲坛，加强其对于新国、弱国的保护，并扩大其权力所能运用的领域。

最后，对于那些与我们为敌的国家，我们所要提供的不是保证，而是要求：双方重新着手寻求和平，不要等到科学所释出的危险破坏力量在有意或无意中使全人类沦于自我毁灭。

我们不敢以示弱去诱惑他们，因为只有当我们的武力无可置疑地壮大时，我们才能毫无疑问地确信永远不会使用武力。

可是这两个强有力的国家集团，谁也不能对当前的趋势放心——双方都因现代武器的代价而感到不胜负担，双方都对于致命的原子力量不断发展而产生了应有的惊骇，可是双方都在竞谋改变那不稳定的恐怖均衡，而此种均衡却可以暂时阻止人类最后从事战争。

因此让我们重新开始，双方都应记住，谦恭并非懦弱的象征，而诚意则永远需要验证。让我们永不因畏惧而谈判，但让我们永不要畏惧谈判。

让双方探究能使我们团结在一起的是什么问题，而不要虚耗心力于使我们分裂的问题。

让双方首次制订有关视察和管制武器的真诚而确切的建议，并且把那足以毁灭其他国家的漫无限制的力量置于所有国家的绝对管制之下。

让双方都谋求激发科学的神奇力量而不是科学的恐怖因素。让我们联合起来去探索星球，治理沙漠，消除疾病，开发海洋深处，并鼓励艺术和商务。

让双方携手在世界各个角落遵循以赛亚的命令，去"卸下沉重的负担……(并)让被压迫者得自由"。

如果建立合作的滩头堡能够遏制重重猜疑，那么，让双方联合作一次新的努力吧。这不是追求新的权力均衡，而是建立一个新的法治世界，在那世界上，强者公正，弱者安全，和平在握。

凡此种种不会在最初的一百天中完成，不会在最初的一千天中完成，不会在本政府任期中完成，甚或也不能在我们活在地球上的毕生期间完成，但让我们开始。

同胞们，我们事业的最后成效，主要不是掌握在我手里，而是操在你们手中。自从我国建立以来，每一代的美国人都曾应召以验证其对国家的忠诚，响应此项召唤而服军役的美国青年人的坟墓遍布全球各处。

现在，那号角又再度召唤我们——不是号召我们拿起武器，虽然武器是我们所需要的；不是号召我们去作战，虽然我们准备应战；那是号召我们年复一年肩负起持久和胜败未分的斗争，"在希望中欢乐，在患难中忍耐"；这是一场对抗人类公敌——暴政、贫困、疾病以及战争本身的斗争。

我们能否结成一个遍及东西南北的全球性伟大联盟来对付这些敌人，来确保全人类享有更为富裕的生活？你们是否愿意参与这历史性的努力？

在世界的悠久历史中，只有很少几个世代的人被赋予这种在自由遭遇最大危机时保卫自由的任务。我决不在这责任之前退缩，我欢迎它。我不相信我们中间会有人愿意跟别人及别的世代交换地位。我们在这场努力中所献出的精力、信念与虔诚将照亮我们的国家以及所有为国家服务的人，而从这一火焰所聚出的光辉必能照明全世界。

所以，同胞们：不要问你们的国家能为你们做些什么，而要问你们能为国家做些什么。

全世界的公民：不要问美国愿为你们做些什么，而应问我们在一起能为人类的自由做些什么。

最后，不管你是美国的公民或世界他国的公民，请将我们所要求于你们的有关力量与牺牲的高标准拿来要求我们。我们唯一可靠的报酬是问心无愧，我们行为的最后裁判者是历史，让我们向前引导我们所挚爱的国土，企求上帝的保佑与扶携，但我们知道，在这个世界上，上帝的任务肯定就是我们自己所应肩负的任务。

肯尼迪上台后并非一切如愿，任职开始就遇到了美国入侵古巴惨败的事实。他为了寻得平等的权利，采取有力措施，要求为新公民权利立法。由于发展和和平小组的联盟，他对发展中国家的帮助为美国人带来了理想主义。

1962年，他又处理了古巴导弹危机。此外，肯尼迪政府还干涉了刚果事务，派兵越南，开始了长达10年之久的侵越战争。

1963年，正当肯尼迪踌躇满志要进一步干一番事业的时候，他遇刺身亡。

两年后，比尔斯83号被定为国家历史文物；1967年，国会批准将这栋住宅划入国家公园系统，使其成为国家历史遗址。

2. 一个至今为美国人所留恋的人

肯尼迪短暂的人生富有传奇的色彩。在成为总统之前,他不仅做过鱼雷艇艇长、国会议员,还是优秀的新闻记者和畅销书作家。

肯尼迪23岁时就出版了《英国为什么沉睡》,并很快成为畅销书;而他在1956年出版的《英勇的人们》则成为了一部历久不衰的畅销书,译成了好几十种文字;而他一生中受到的最使他高兴的荣誉则是1957年获得的传记奖"普利策奖"。

对于这样一个才华横溢的领导人,后人不禁感慨地说,创造了那么多历史的美国总统中没有几个人具有像他那样的历史意识或写作才能,也没有几个人乐于像他那样开诚布公,他不仅能够客观地估量自己的行为,而且深切地关心着未来的历史学家和当代的选民会怎样估量他的行为。肯尼迪曾打算一离开白宫就写回忆录,人们相信那将是像丘吉尔的《二战回忆录》那样精彩的巨著,但遗憾的是,历史没有给他这个机会。

但肯尼迪的笑脸却长久地留存了下来。尽管从童年起他就多病多愁,令他极为钦佩的哥哥也在大战中阵亡,他的小妹妹在海外因飞机失事而殒命,他的另一个妹妹则因为神经迟钝被禁闭在一家疗养院,但这些都没有减弱他的乐观精神。也正是由于熟悉悲剧,他才得以同时具有享受这个世界和改善这个世界两种愿望。

显然,肯尼迪强烈的自我实现的意识、对行动的渴望、对高标准行为的追求、坚强的取胜意志,不仅迎合了年轻人的口味,也成为了鼓舞这个国家不断走向强大和文明的力量,并使无数人牢记着肯尼迪的名字。肯尼迪艺术中心、肯尼迪学院、肯尼迪号航空母舰、肯尼迪航天中心……都是为纪念他而命名的,既"记载"着他的业绩,也承载着人们的理想——

追求文明、追求实力、热爱艺术、向往蓝天。在某些地方,甚至连肯尼迪的名字都获得了如此的魔力:有一位在刀片厂当库房管理员的约翰·F·肯尼迪曾经两次当选为马萨诸塞州的司库,他不过是把自己的名字写到了候选人的名单上。

对美国人来说,肯尼迪是一个传奇般的人物,一个至今为美国人所留恋的人。作为美国历史上最年轻的当选总统,他的灿烂笑脸和迷人风采,他的寻梦之路和悲剧性结局,都使他成为了一种悲喜人生的标志,一种男性魅力的象征,一个明星政治家的范本,一个永远留在人们心中的年轻形象。

3."令人难忘的1000天"——肯尼迪的高昂斗志

肯尼迪从小就被父亲教育要去竞争,除非取得第一名,否则永远不要满足,这使肯尼迪一生都富有战斗力和豪迈的气概。即便在困难重重的时候,肯尼迪仍能给华盛顿和整个国家带来希望和冒险的情绪。

在苏联登月成功之后,肯尼迪提出,美国必须在"这片新的海洋中扬起风帆",必须成为"世界上主要的太空旅行国"。最后,美国终于在月球上击败了苏联。1963年,在达拉斯准备发表的那篇演说稿中,肯尼迪这样写道:"如果我们强大,我们的实力就是最有说服力的言论;如果我们软弱,我们的言论也毫无帮助。"这也正是肯尼迪所追求的"重要的是争取第一"的理念,对后来的美国总统有着很大的影响。

作为总统,肯尼迪在美国政治中推行了"新边疆"政策,提倡"发明、革新、想象、决策"。在他的领导下,公民权利得到扩大,经济开始高速增长,和平队也应运而生——美苏签署了禁止核试验的条约,古巴导弹危机也得以化解。

肯尼迪是一个有着良好知识结构的总统,懂得新闻、军事、外交,还有经济。学过经济学的他不但有着敏锐的目光和灵活的头脑,也非常善于在实践中学习。在他的周围聚集着当时美国最有学识、最有发言权的一批经济学家,他不仅善于听,更善于决断,在经济建设方面有着独到见解。

在肯尼迪就职后的4年里,美国经历了少见的时间长、势头猛的经济发展阶段。在这4年里,商品和劳务供应的增长超出了先前的8年。1960年,国民经济增长率不到3%,而1961~1963年3年的平均增长率几乎比这一水平提高了一倍。到1963年年底,美国国民总产值达到创记录的1000

亿美元,增长率为16%,为275万多人提供了就业机会,同时,劳动收入也有了创记录的增长。在他之后,只有克林顿可以与之相媲美。

肯尼迪对民权运动的贡献也具有历史性意义。1963年6月19日,肯尼迪在民权咨文的结束语中对国会说:单纯的正义感要求通过这项计划,"这不仅是出于经济效率、全球外交和国内稳定等原因——首先是因为这是正义的"。在他努力下,新的民权法案最终得以通过。

同一年,在纪念第一次解放宣言100周年时,约翰·肯尼迪写道:"那个宣言仅仅迈开了第一步——不幸的是,宣言的作者没有活下去推进这一工作。"1964年,这部被称为"第二个解放宣言"的立法获得通过,但像100年前一样,"宣言的作者"已经不在了。

在肯尼迪的诸多业绩中,最使他本人感到自豪的就是建立和平队。这是他在1960年竞选运动中提出来的一个独特的机构,在他上任后的头100天中就成立起来了,其人员都是具有他所号召的那种献身精神的美国人。在肯尼迪的号召下,和平队很快便从几百人发展到几千人,他们大多数是年轻的志愿人员,致力于把美国的活力和技术直接带给贫穷国家的人民。他们在那些国家的村庄里同当地的人民一起生活,讲他们的语言,帮助他们开发自然资源和人力资源,除了从助人中得到的乐趣外没有什么其他的报酬。和平队后来成为了肯尼迪的希望与诺言中最鼓舞人心的象征。

肯尼迪坚持认为,所有国家都必须采用自己的制度,而使它们能自由地这样做正是他的政策核心。1963年,肯尼迪开始在演说中多次谈到"要确保世界具有多种不同的形式",同时他还希望(但不寄予过大的希望),经过一个漫长的过程以后,联合国能发展成为一个"真正的世界安全体系"。肯尼迪的开明和平等意识深深吸引了非洲和东欧等第三世界的人们,不仅为自己赢得了世界声誉,还大大提升了美国的国际影响和软实力。当时的民意测验表明,肯尼迪的票数远超尼赫鲁,成为"当今世界上最受人钦佩的人物"。

不仅如此，在越战问题上，肯尼迪也表现出了灵活而现实的态度。1963年春，肯尼迪已经打算在1964年选举后从越南撤出所有美军。在私下场合，肯尼迪至少对一位朋友说过，如果他真的胜利，他就可以把他派往越南的那支人数不多的部队全部撤回。仅仅在他遇刺前几天，当肯尼斯·奥德内尔和戴维·鲍尔斯问他怎样在撤出美军后仍能保持美国在东南亚的威信时，肯尼迪回答说："很容易……只要在那里建立一个要求我们离开的政府。"但遗憾的是，肯尼迪没有来得及做他想做的事情。尽管历史无法假设，但还是有很多美国人宁愿相信，如果肯尼迪活下来，越南也许不会变得那样"泥泞"。

4.肯尼迪遇刺瞬间回放

谋杀总统事件在美国历史上并不罕见，但肯尼迪之死却产生了特殊的反响。50多年来，人们对此案一直没有淡忘。很多人认为肯尼迪的死并没有表面上那么简单，他是阴谋的牺牲品。那么，真正的凶手是谁？究竟是什么缘故使此案成了一件结束不了的悬案呢？

达拉斯城的枪声

1963年11月，4年一次的美国总统选举拉开帷幕。肯尼迪，这位43岁就入主白宫的民主党人，竭力争取在大选中再度获胜。22日，他从沃斯堡飞往达拉斯城，上午11点35分，总统座机"空军一号"在勒犬机场降落。当肯尼迪和他那以美貌出名的夫人杰奎琳步出机舱时，等候在栅栏外的欢迎人群高声欢呼起来。

正式欢迎仪式结束之后，总统一行坐上敞篷汽车，向市中心驶去。车队由达拉斯城警察局长吉赛·寇莱乘坐的汽车在前面开路，后面是总统的大轿车，得克萨斯州州长康纳利夫妇与总统夫妇同乘一车，再后面是警卫车、副总统林登·约翰逊夫妇的座车和几辆随从人员、新闻记者乘坐的汽车。大约在中午12点半，车队驶入埃尔姆街，当汽车经过书库大楼时，突然响起了几声可怕的枪声，肯尼迪的脸上出现了异样的神色，接着他倒下了。几十分钟之后，肯尼迪因受到致命的枪击，在医院逝世。

沃伦委员会的调查结论

肯尼迪遇刺身亡的消息一传出，举国悲恸。达拉斯悲剧发生后一星期，继任总统约翰逊建立了一个特别委员会，调查谋杀肯尼迪的事实，委员会由美国最高法院院长艾尔·沃伦担任主席。约翰逊总统还责成联邦调查局局长埃德加·胡佛对此案进行调查。1964年9月27日，沃伦委员会提出了一份长达8880页的报告，两个月后又公布了26卷供词。

沃伦委员会的报告对谋杀案作出的结论是：肯尼迪总统是被李·哈维·奥斯瓦德从书库大楼六楼窗口射出的子弹打死的，与他同乘一车的康纳利州长受伤；没有找到任何证据可以证明奥斯瓦德参与国内或国外组织的以除掉肯尼迪总统为目的的阴谋；奥斯瓦德是独自一人犯罪，他是一个不惜一切代价想名垂史册的沽名钓誉之徒。

事情果真像沃伦委员会的结论所说的那样吗？

奥斯瓦德戏剧性地死去

在达拉斯城枪响后不到一个半小时，奥斯瓦德因有作案嫌疑而被拘捕。在书库大楼里，警察找到一支据说是奥斯瓦德行刺的枪支。12小时后，他就被指控为杀害总统的凶手。11月24日，在达拉斯警察局的地下室里，当两名警察架着奥斯瓦德的双手让他对准电视摄像机时，"卡鲁塞尔"夜总会的老板杰克·鲁比闯进去开枪打死了奥斯瓦德。值得怀疑的是，鲁比竟然能持枪进入戒备森严的警察局，并在70名警察的眼皮底下杀人。这戏剧性的一幕，说明了什么呢？

鲁比被捕后，要求警方把他带到华盛顿去审讯，因为他确认在得克萨斯州交代会招致生命危险。鲁比在整个审讯过程中只透露了这样一个情况：在他打死奥斯瓦德前36小时，达拉斯警察局的一名官员向他暗示，除掉奥斯瓦德"是件好事"。不久，鲁比也莫名其妙地死在了牢里。显然，奥斯瓦德和鲁比都是替罪羊。

证人的厄运

奥斯瓦德和鲁比之死断掉了肯尼迪刺杀案的主要线索。对于其他一些线索和痕迹，如果深究下去，也许也会水落石出，但是有关证人无不厄运临头，以致线索一一被掐断，使案件更增添了神秘色彩。

奥斯瓦德的妻子马林娜起初坚持奥斯瓦德是无罪的。后来，联邦调查局以驱逐出境对她施加威胁和恐吓,令她改变了态度,同意把她丈夫判为凶手。奥斯瓦德的挚友乔治·莫连希尔德打算出一本叙述奥斯瓦德的书,在同一家出版商洽谈后不久,人们在棕榈滩市发现了他的尸体。

在肯尼迪总统死后的15年里,总共有20多名所谓的"危险的证人"被暗杀,或"自杀"、"失踪"。

至关重要的子弹问题

由于活口一个个被封住,想要找到杀害肯尼迪总统的真相,除了到子弹上去找证据,别无他途。

按照沃伦委员会的说法,是奥斯瓦德一个人打了3发子弹。第一发子弹击中肯尼迪的后脑勺,从喉咙穿出,又伤着了坐在肯尼迪前面的康纳利州长;第二发子弹从旁边穿过;第三发子弹是致命的一颗。可是,专家们对犯罪枪支做了技术鉴定后发现,两次射击的间隔时间至少是2~3秒钟,而肯尼迪和康纳利两人中弹的间隔时间不到一秒半钟。另外,根据海军医院最初的尸体解剖报告,射中肯尼迪的子弹并没有从喉咙穿出。因此,结论应当是总共打了四发子弹。另一个重要的问题是,医生肯定子弹是从前面打来的。

尽管子弹的颗数和方向问题已经十分明确,但沃伦委员会却仍然坚持自己的结论,即总共只打了3发子弹,而且子弹是从后面射来的。令人费解的是,医生们后来改变了原先的结论,海军医院甚至销毁了尸体解剖报告的原始记录。到1973年,美国国防部长莱尔德下了一道命令,销毁所有保存在五角大楼的与肯尼迪刺杀案有关的档案材料。

显而易见,牵涉到这件案子的人都在遵循着一道旨令:不能追查真正的凶手。

斯托克斯委员会的第二次调查

1976年,达拉斯惨案已过去了13年,但人们对这件事始终没有淡忘,美国政府迫于舆论压力,不得不提请国会对此案重新调查。于是,以参议员斯托克斯为首的特别委员会成立。

委员会毫无成效地工作了3年,到1979年7月上旬,事情突然有了重大突破。一些权威的声学家们提供了一个意想不到的情况:他们用最新的科学方法和仪器对惨案发生时的录音磁带进行了分析,结论是有人向总统打了4发子弹,而使他致命的第三发子弹是从汽车前方射来的。这样,一直受到人们怀疑的"一个凶手论"就被彻底推倒了。

按道理说,这一重大发现为追查真正的凶手提供了可能性和必要性。但不知为什么,几天之后,斯托克斯委员会突然宣布它的使命已告结束。第二次调查就这样草草收场了。

种种疑点显示,肯尼迪的死没有那么简单。

谁是阴谋的组织者

事实证明,奥斯瓦德和鲁比之流仅仅是替罪羊。那么,谁是刺杀肯尼迪阴谋的组织者呢?有一点是很清楚的,肯尼迪在他两年多的任职期间,冒犯了不少拥有很大权势的政界和财界人物。肯尼迪入主白宫后3个月,就因为入侵古巴遭到失败而与中央情报局闹翻了。这样,肯尼迪就与美国最有权威的侦查机关结下了冤仇。1962年春,肯尼迪政府的国防部长麦克纳马拉以取消军事订货相威胁,强迫一些实力雄厚的黑色冶金公司收回它们所宣布的提高钢价的声明。这无疑是对军火工业集团的严重挑战。还有,肯尼迪在1963年6月向国会提交的一项反对种族歧视的法案中,主张黑人应当平等地享有公民权,这势必会引起南方种族主义集团的极大反感。

总而言之,肯尼迪在推行各项政策时所采取的某些具体措施,限制了某些有影响集团的权势,而这些集团是绝不能容忍它们的利益受到任何程度哪怕是暂时的触犯的。权势集团主宰一切,这是美国政治的一大特色。因此,推测肯尼迪之死与美国各种权势集团有关不无道理。

真相会大白于天下吗

肯尼迪刺杀案的种种疑点都将矛头指向了美国政治集团内部，在这种情况下，即使查明了事实真相，估计也难以公之于世。据说，沃伦原先拒绝主持特别委员会的工作，经约翰逊总统晓以国家利益关系之大义后，才勉强同意。因此，沃伦委员会对事件的态度一开始就是：国家利益要求不揭露阴谋的秘密，应尽快结束对这一阴谋的怀疑和流言。这样就不难理解它在那份长达8000多页的调查报告中所作的那些似是而非的结论，以及它的一系列所作所为了。

那么，此案会永远成为一个不解之谜吗？沃伦委员会在结束工作之前，已把一些重要的证词转交给了国家档案馆。按照约翰逊总统的命令，在2039年之前，禁止公布有关谋杀肯尼迪总统的重要文件和照片，这些东西要作为绝密材料加以保存。曾经有一名记者问沃伦，是否有一天会公布事件的真相。

沃伦的回答是："会有公布的时候，不过那时你可能已经不在人世了。"

5.究竟是谁刺杀了肯尼迪？

美国前总统肯尼迪遇刺身亡已整整50年了，但他被刺的真相依然扑朔迷离：谁是凶手？谁是幕后策划者？这一秘密缘何历经50年未被揭开？

在过去的50年里，肯尼迪遇刺内幕至少有36种不同的版本。有人认为，时任副总统的约翰逊对肯尼迪遇刺一事难逃干系，认为这件事本质上是一场政治阴谋；也有人认为，肯尼迪遇刺与南越政变不无干系；还有人认为曾被官方逮捕的奥斯瓦尔德就是凶手……至今没有一种版本真正令人信服，没有一种说法被证明属实。

李·奥斯瓦尔德个人行刺说

很多人相信凶手就是奥斯瓦尔德，他背后并没有别的"真凶"。有人认为他是一名狂热分子，从007间谍小说中获得了灵感，以刺杀肯尼迪向卡斯特罗献礼，以便叛逃古巴。

而奥斯瓦尔德的哥哥却认为他患有抑郁症，刺杀总统的唯一动机就是想引人注意，表现自己。

还有学者指出，当年奥斯瓦尔德真正瞄准的目标是总统前面的德州州长约翰·康纳利，他因未获康纳利批准光荣退役而对他记恨在心，结果错杀了肯尼迪。

约翰逊"宫廷政变"说

近年相继披露的材料显示，时任副总统的林登·约翰逊颇有嫌疑，但说法不一。法国一电视台的两个记者经过长达3年的调查后认定，当年快被肯尼迪兄弟逼到绝路的约翰逊不惜铤而走险，借助与联邦调查局局长胡佛的密切关系，一手策划了震惊世界的刺杀肯尼迪事件；得克萨斯商人埃斯蒂斯也揭露"当时得克萨斯集团将失去在华盛顿的立足点,因而必须赶快采取行动";而约翰逊的情妇马德莱娜·布朗接受《费加罗杂志》专访时透露,刺杀肯尼迪是得克萨斯州的石油大亨出钱,约翰逊具体策划和幕后指挥。

《死亡的三角地带》南越复仇说

一本叫《死亡的三角地带》的新书展示了一些鲜为人知的内幕:肯尼迪总统曾策划并支持了南越的政变,在那次政变中,南越总统吴庭艳和他的两个兄弟被暗杀,而肯尼迪正是死于由中情局支持的南越政府、法国海洛因全球犯罪集团和新奥尔兰黑帮的联合阴谋;美国曾在肯尼迪遇刺48小时内在达拉斯抓获了一名国际杀手,但没有逮捕他,还让他秘密离开了美国;当时有着"黑社会教父"之称的博纳诺斯出面雇佣了两名杀手,上演了一场假装开枪击毙奥斯瓦尔德的"戏"……

6.林肯与肯尼迪的百年遥望

亚伯拉罕·林肯和约翰·菲茨杰拉德·肯尼迪两位总统被刺事件常被相提并论,因为他们两人之间有一系列惊人的巧合之处。

亚伯拉罕·林肯首次当选为国会议员是1846年,约翰·肯尼迪正好是在100年后进入国会。

林肯在1860年11月6日当选为美国第16任总统,肯尼迪则是在1960年1月8日当选为国家第35任总统。

在他们死后,继任他们的都是南方人,都叫约翰逊。安特鲁·约翰逊生于1808年,而林登·约翰逊生于1908年。

刺杀林肯的那个人——约翰·威尔克斯·布思生于1838年,而杀害肯尼迪的凶手——李·哈维·奥斯瓦德则出生于1938年之后;两人都是南方人,而且都是尚未审判就被枪杀。

布思在剧院犯下罪行,然后逃入一座谷仓;奥斯瓦德则是在一座仓库的窗口对准肯尼迪扣动扳机,然后逃进一家剧院。

更不可思议的是,林肯和肯尼迪两人对自己的死亡都有着奇特的预感。

在被刺的那一天,林肯对他的卫兵威廉·H·克鲁克说:"我相信有人要谋杀我……我毫不怀疑他们会动手……如果发生这样的事,是无法阻止的。我没有任何办法。"

而肯尼迪也毫不怀疑地对他的妻子杰奎琳以及他的私人顾问肯·奥唐纳尔说:"如果谁想从窗口用步枪向我射击,谁也无法防止,因此又何必多操心呢?"几个小时后,肯尼迪遇刺身亡。

林肯和肯尼迪都是历史上有名的民权运动者。两人都是在星期五被枪杀的,都被击中在头后部,且两人的妻子都在场。

林肯是在福特大戏院遇刺的;而肯尼迪则是在汽车上被刺的,汽车属福特汽车公司出品,是林肯牌。

最后一个不幸的巧合是,肯尼迪有一个名叫伊夫林·林肯的秘书,据报道,他曾劝告肯尼迪不要去达拉斯。

第三章

肯尼迪家族的神秘诅咒

——"生于政治,死于政治"

作为美国历史上最神秘、最古老、最有影响的政治家族,40年来,这个发迹于新英格兰的姓氏一直在死亡和政治中间起伏,在媒体的关注下越发显得神秘。

1.他们为政治而生,为政治而死

在美国, 一些人习惯于将肯尼迪家族与同样起源于美国东北部新英格兰地区的布什、亚当斯家族相比较。其实这种比较本身并没有多少实际意义,这三个家族都曾经并正在以不同的方式对美国的政治生活产生重大影响。所不同的是,肯尼迪家族时而达到鼎盛,时而跌入低谷,始终被一连串的飞来横祸或丑闻所缠绕,这给这个家族带来了一种宿命的神秘色彩。也许正是由于这一原因,美国的公众对肯尼迪家族表现出了一种异乎寻常的兴趣和关注。

美国著名作家费茨杰拉德曾说:"你说出一个英雄的名字, 我就可以给你讲一个悲剧的故事。"而有着200年历史的肯尼迪家族无疑能验证此说。

他们在具备政治天分的同时,似乎也成了某种毁灭力量的打击对象。

1944年,约瑟夫的大儿子、空军飞行员小约瑟夫·肯尼迪在二战期间死于一起飞机坠毁事件。

1948年,约瑟夫的女儿凯瑟琳·肯尼迪在法国一起飞机坠毁事件中罹难。

1963年,约瑟夫的次子、美国第35任总统约翰·肯尼迪在达拉斯遇刺身亡。

1968年,约瑟夫的儿子、曾任美国司法部长的罗伯特在参加总统竞选时在洛杉矶遭枪杀身亡。

1969年,约瑟夫的幼子、参议员爱德华在马萨诸塞州遭遇车祸。

1984年,罗伯特之子戴维因过量吸服海洛因致死。

1997年,罗伯特的另一个儿子迈克尔在科罗拉多滑雪时受伤,翌日在医院不治身亡。

1999年,约翰之子小约翰驾驶的飞机在长岛外海域失事坠毁。

2012年,罗伯特的儿媳玛丽·理查森·肯尼迪上吊自杀。

家庭的熏陶、良好的教育,以及他们所处的显赫社会地位,使肯尼迪家族的成员具有一种对政治与生俱来的兴趣和敏感,肯尼迪家族遗传基因中的热情、冲动、富于冒险精神的特质使他们乐于在政坛上一试身手。

尽管约翰和罗伯特都倒在了凶手的枪口下,但生来爱冒险的肯尼迪家族成员并没有被血腥的暗杀吓倒,第三代肯尼迪家庭成员中又涌现出了一批投身政界的新秀。

罗伯特·肯尼迪的11个孩子继承了肯尼迪家族的本色:爱出风头、爱运动、爱政治。老大凯瑟琳曾任马里兰州副州长,声望甚佳,但2002年竞选州长时失败;老二约瑟夫曾任参议员,后来致力于一个非营利组织;老三小罗伯特·肯尼迪颇具先父之风,但他选择淡出美国政坛,一直热心和崇尚于环保事业;老八克里斯托弗选择了经商,他是家族中最会敛财的一个。

在肯尼迪家族第二代名列老五的尤妮斯·肯尼迪的子女也颇有成就。尤妮斯本人就十分热心社会事务,由于她的姐姐罗斯玛丽患有智力障碍,这使她对残疾人的痛苦有了更加深切的体会。1968年,她创办了特殊奥林匹克运动会。现在,二儿子蒂姆·史里弗已经接班,任特奥会主席。三子马克·史里弗现为马里兰州议员,有意角逐国会议员。尤妮斯的女儿玛丽亚·施莱弗曾任全国广播公司的新闻节目主持人,女婿是大牌电影明星阿诺德·施瓦辛格(如今已离婚)。借助自己的明星感召力和肯尼迪家族的显赫名声,施瓦辛格在加州大选中获胜,荣登州长宝座。

对许多美国人来说,那个身穿蓝色外衣和短裤,用稚嫩的小手向父亲的棺木敬礼的小约翰·肯尼迪是肯尼迪家族的致胜秘诀。他年轻、英俊,看上去无懈可击,拥有无穷的魅力。而且,小肯尼迪不同于他的那些堂兄弟,他对吸毒、酗酒和触犯法律等恶习避而远之。尽管小肯尼迪从未步入政坛,但不少对肯尼迪家族存有旧情的人都认为年届不惑的小肯尼迪一定会走上政坛,续写家族历史。但是,1999年的一场飞机失事打破了这些人的希望。

小肯尼迪死后,已故总统肯尼迪家只剩下了卡罗琳·肯尼迪。卡罗琳是肯尼迪家族形象最好的一个,被称为"全国的宝贝"。2013年10月,美国参议院正式批准卡罗琳出任美国驻日本大使,她成为了美国首个女性驻日大使。

2."肯尼迪时代"的终结

2009年8月25日夜间,美国政治明星家族肯尼迪家族的二代成员、美国参议员泰德·肯尼迪因癌症辞世,享年77岁。美国总统奥巴马发布悼词称:"我们历史中的一个重要篇章结束了。我们的国家失去了一位伟大的领导者。他拿起了离去的哥哥们的火炬,成为我们这个时代最伟大的参议员。"

作为成长于美国新英格兰地区巨富家庭的二代子弟,泰德·肯尼迪同他的哥哥们一样,接受了哈佛的精英教育。不过,早期的他是一个典型的富家纨绔子弟,曾因为要求别人替他考试而被迫辍学,参军服役后才重新回到学校继续接受教育。当他按照家族意志,追随他大名鼎鼎的哥哥们进入政坛,尤其是当约翰·肯尼迪总统、罗伯特·肯尼迪参议员陆续遇刺身亡后,他的"肯尼迪式"的理想主义公共政治精神逐渐成熟。虽然有过竞选总统失利的经历,但泰德·肯尼迪在他长达40多年的参议员生涯中,在维护民权、弱势群体保障、贫穷家庭儿童保健、教育机会公平、全民医保等追求社会正义与公平的一系列法案的制定过程中,是参议院最有力量的投票支持和组织者。克林顿总统和奥巴马总统的全民医保改革计划,都得到了泰德·肯尼迪的鼎力支援。

肯尼迪家族的理想主义政治精神和肯尼迪家族的历史本身,都标示了美国社会的一段历史篇章。泰德·肯尼迪的父亲从地产、电影等生意发家,他的母亲也来自新英格兰地区的豪门。泰德·肯尼迪的父亲原始积累完成后进入政坛,曾经是美国证监会的一位主席,还做过美国驻外大使。如果说肯尼迪家族的成功代表了"美国梦",也就是美国曾经带给那些欧洲移民的自由致富与发展的机会,那么肯尼迪二代的政治明星们的理想主义精神，就是为了保护所有的美国人仍然享有公平的制度和上升通道，追求自己的"美国梦"。另一方面，由于肯尼迪家族多数二代甚至延及三代的早夭命运，也有分析认为，20世纪初的"进步运动"之前的美国是个没有规则、弱肉强食的社会，肯尼迪家族一代的发家过程难免有官商勾结、损害公平，甚至暴力仇杀的色彩，富一代的罪恶最终会成为笼罩富二代、三代的梦魇。但是，从泰德·肯尼迪的生平，我们看到了他积极漫长的政治生涯、坚定的理想主义政治精神与实际行动，他得到的是丰满充沛的富二代人生。

在肯尼迪家族三代中，小罗伯特·肯尼迪也是一个真正的"肯尼迪"。他没有进入政坛，而是一直专注于环保和慈善组织工作，曾经为美国若干著名的环保诉讼担当诉讼律师。今天的美国社会已经和几十年前大不相同，理想主义政治精神可以在众多的非政府组织中实现。如果说在富二代身上还有着浓厚的"富则仕"的思维影响，那么到肯尼迪三代的小罗伯特这里，理想主义公共精神已经更为纯粹。

3.谁制造了"肯尼迪诅咒"?

在推崇成功人物和政治人物成为明星的美国,肯尼迪家族的传说是美国人喜好童话故事的极端表现。肯尼迪家族来自爱尔兰,信奉天主教,曾长期被排除于新英格兰富有的新教徒俱乐部之外。在新大陆,肯尼迪家族的地位与王室家庭相当,但命运却将肯尼迪家族的传奇变成了悲剧。

1963年,肯尼迪巡游得克萨斯州的两周前,一位极右派将军说肯尼迪是"自由世界的一个障碍"。就在肯尼迪遭暗杀的当天,他视察的城市出版的一份报纸——《达拉斯晨报》曾刊出过一个整版的广告。就像通知什么人的去世那样,这则广告四周被围上了黑框,而且有一个挖苦性的通栏大标题《欢迎光临达拉斯,总统先生!》,内容是向肯尼迪提出了12个问题。这些问题要求他为监禁和监视成千上万在美国的古巴人负责,还质问他为何向正在越南杀害美国人的士兵出售粮食,并明白地暗示总统与美国共产党人达成了秘密协议。

据说,在肯尼迪遇害的那天早上,他和他的夫人杰奎琳都曾阅读过这张报纸。并且,肯尼迪还对妻子和一名亲信说:"今天,我们将去一个满是疯子的地方。但是杰姬(杰奎琳的昵称),如果有人要从高处的窗户里朝我开枪,谁都无法阻止他那样做。那还焦虑什么呢?"结果,第二天早晨,全美国的报纸都画出了黑框。难道这是一个巧合?

按照官方的说法,肯尼迪之死没有什么秘密,没有"神奇"子弹,没有第二杀手梯队。总而言之,没有什么阴谋,只有一个神经有点不正常的杀手李·哈维·奥斯瓦尔德躲在一个书库的六楼上。

1993年,杰拉尔德·波斯纳出版了《了结的事》一书。他证实了只有一名杀手的判断如何可信,他解释说:"大部分美国人不愿意相信李·哈维·奥斯瓦尔德能够以一种我们无法控制的方式影响我们的生活。想到一个24岁、无法适应社会的失败者用一把廉价步枪结束了肯尼迪传奇,这实在令人不安。"对于亿万美国人来说,约翰·肯尼迪总统遇刺身亡代表着"未来的一种难以估量的损失"。

1969年7月18日,爱德华·肯尼迪在恰帕魁狄克岛酒宴之后驾车离开,结果途中坠桥,使同车的年轻女助理柯普珍溺死车中;1793年,约瑟夫·肯尼迪因车祸造成车内一名女乘客终生瘫痪;1984年,大卫·肯尼迪在佛罗里达州棕榈滩家族度假别墅附近的旅馆吸毒过量暴毙;派垂克·肯尼迪在1986年青少年时,曾因使用古柯碱成瘾接受治疗;麦可·肯尼迪于1997年12月31日在科罗拉多州阿斯朋滑雪场意外丧生。

1999年7月,随着小约翰·肯尼迪驾驶飞机一头栽进海中,一个谈不尽的话题再次被炒得沸沸扬扬:这个著名家族为何如此多灾多难?对此,以色列遗传学家厄布斯坦提出了一个见解:肯尼迪家族的悲剧并非命运所致,而是由一种"冒险基因"造成的,这种基因易使其携带者冲动、冒险,容易纵情于速度、毒品和性行为。

厄布斯坦认为,肯尼迪家族成员勇于从事"冲动、冒险和拼命"活动,这种异常因子可能从中起到了一定作用。"我未对他们家族做过试验研究,但肯尼迪家族史提供了大量迹象,显示出他们身上带有这种在以色列发现的基因。"

除了这个相对比较科学的解释,对于所谓的"诅咒",人们还有很多种说法。

说法一:在作为美国驻英大使期间为避免美国卷入"欧洲战争",老肯尼迪曾拒绝为500名被送进纳粹死亡集中营的犹太人派发签证。他回到美国后,"肯尼迪家族的诅咒"就开始了。

说法二:1937年老肯尼迪在乘船回国途中,同船有一位从纳粹魔掌逃出来的犹太牧师，而老肯尼迪却要求船长禁止犹太牧师在船上祈祷，结果那位牧师给肯尼迪家族所有男人下了一个诅咒：他们将遭遇悲惨的命运。

说法三：这个家族由于其难以见光的发家史和滥用权力的行为而受到了神的惩罚。许多人都认为，这是"善有善报，恶有恶报"。

肯尼迪家族确实没有平民奋斗的血泪史，过早完成的原始积累以及显赫的背景让他们踏入政坛似乎理所当然。但是，同样的背景，小布什被记住的是他的残疾的语言表达，肯尼迪却以他公众代言人的形象留在美国人的记忆中。他让我们知道，政治，也是可以有理想的。

肯尼迪兄弟全部从政，而且意识形态全是自由派。保守派们嘲笑他们是百万富翁为穷人说话，但是看看他们的所作所为，你无法怀疑他们信仰上的真诚。在20世纪60年代初，面对种族歧视的丑陋现实，肯尼迪兄弟一致声言："民权不是个政治问题，是个道德问题。"为促进种族平等起了关键性的作用。再看爱德华的一生，从最低工资、教育改革，到如今正在推进的全面医疗保险，这些关系下层百姓生活的法案，全有他的印迹。

不错，肯尼迪兄弟生活在特权之中，也享受着特权。但是，他们最终的信仰，则是幸运的自己对不幸的人和全社会的责任。他们把一生最高的价值都放在了公共服务上。他们未尝顶得住特权和世俗享乐的诱惑，但是最终还是明白了什么对他们的生命最重要。

4.美国家族政治能退出舞台吗？

美国《华盛顿邮报》网站曾发表过题为《家族权力》的文章。文章说,纵观美国历史,家族政治王朝并不少见,例如亚当斯家族、罗斯福家族、肯尼迪家族等。今天,10%的国会成员有一位近亲在众议院或参议院任职。政治王朝与诽谤中伤和政治恩惠一样都是美国特有的产物。

文章摘要如下：

美国人民通过暴力革命从专制君主手中赢得自由,但却很快屈服于某些家族注定要处于领导地位的观点———只要我们能够选择他们。

政治家族历史悠久

大多数早熟的孩子恐怕都能列举出美国历史上几个名门望族：亚当斯家族、罗斯福家族和肯尼迪家族。不过,讲到政治家们因家族而处于有利地位的故事,这些家喻户晓的姓氏重复现象仅仅是个开始。

尽管处于"美国偶像"时代的我们也许试图谴责继承优势的观点,但汉密尔顿·菲什二世、汉密尔顿·菲什三世和汉密尔顿·菲什四世都当选国会议员是有原因的———而原因之一便是其祖辈汉密尔顿·菲什一世,他曾先后担任过美国众议员、纽约州州长和美国参议员。

政治基因

来自新泽西州的弗里林海森家族中有6人进入国会(其中4名参议员,2名众议员),包括现任众议员罗德尼·弗里林海森。

于是, 在可能即将出现另一个家族王朝的情况下——因为不仅希拉里·克林顿是前总统的妻子,米特·罗姆尼也是前密歇根州州长兼总统候选人之子——我们翻看了高中教科书并致电几位睿智的历史学家,向他们提出这样一个问题:到底发生了什么?

据布朗大学经济学教授佩德罗·达尔·博说,在1789年成立的首届美国国会中,有足足45%的成员有亲戚在国会共事。他说:"尽管当时美国人口相对较少,但也无法解释为何那么多的国会成员有亲戚在国会共事。"200年后的今天,10%的国会成员有一位近亲在众议院或参议院任职,而且,这种现象跨越了党派界限。

证据俯拾皆是:戈尔家族、穆尔科斯基家族、洛克菲勒家族、贝克家族、多尔家族、博诺家族、米克斯家族。众议院议长南希·佩洛西——首位出任此职的女性,是前国会议员小托马斯·达历山德罗之女。

达尔·博说:"有些家族长于政治,也许这是家族特色。手握权力便增加了子孙后代掌权的可能性,身处国会为亲戚进入国会打开了方便之门。权力带来权力。"

布鲁金斯学会的历史学家斯蒂芬·赫斯最早是因为在1966年写了《美国的政治王朝》这本书而出名的。该书开篇便提出了这样一个事实:截至当时,有700个家族产生了两名或两名以上的国会议员,也就是说,美国国会参众两院17%的议员来自这些家族。

赫斯说:"最初是谁最能胜任的问题,而随着时间的流逝,逐渐成为门第问题。"他说,美国首批领导人都是从"国家的精华"中挑选出来的,只要这些精英是有产阶级中间信仰基督教的白人男性。

"小资源库"理论

我们还可以通过"小资源库"理论来考虑这个现象。在美国建国初期总是反复见到同一个姓氏,这是因为可供挑选的杰出人物较少。历史学家爱德华·勒内汉说:"贵族阶层家族的范围很小——选择范围非常小——在一个新建立的国家里,在大多数人还在为填饱肚子而努力的时候,只有这一小批受过教育的人有时间从事政治。总不能让一群下等人管理事务吧。"

斯坦福大学的历史学家杰克·拉科韦说,当时也有平衡门第影响的警惕之心。他说:"开国元勋一致表态,政府职务不应在一个家族手中代代相传。"

拉科韦用开国元勋对辛辛那提协会的冷淡态度来举例说明。辛辛那提协会是美国最早的世袭协会(该组织总部目前设在杜邦环岛),1783年由大陆军的昔日将领组建,以古罗马独裁者辛辛纳图斯的名字命名。托马斯·杰斐逊和本杰明·富兰克林都对这个组织表示不满,因为该组织的成员身份是父子一脉相传,且成员中没有士兵。拉科韦说:"这是一个以世袭为原则的军事精英组织,而从革命开始便产生了对政治权力应代代相传这一看法的强烈偏见。"

就将政治作为家族事务而言,斯坦福大学的历史学家戴维·肯尼迪(这位历史学家与肯尼迪家族毫无关系)说,开国元勋"对此表示赞成和理解。他们期望'天生的贵族'或他们所谓的'弗吉尼亚最早移民后裔的家族'能担当可以胜任的职务。在当时,人们不会批评这有什么不妥"。

最早且非常著名的政治家族之一是亚当斯家族,尽管《约翰·亚当斯》一书的作者戴维·麦卡洛不同意将"王朝"这个字眼用在他所钟爱的亚当斯家族身上。

为什么?麦卡洛说,因为他们不是"真正意义上"的王朝。尽管约翰·亚当斯的儿子约翰·昆西·亚当斯确实成为了美国第6任总统(而且约翰·昆西·亚当斯的儿子查尔斯·弗朗西斯·亚当斯也成为了国会议员并出任美国驻英国大使),但麦卡洛认为,这个字眼有些不妥。

"亚当斯家族的子子孙孙从小就受到应该为公共事业服务的教育。约翰·亚当斯从未忽视责任的召唤,尽管这既有损于他的经济收入,又威胁到他的生命和婚姻。"

麦卡洛问道:"向孩子们灌输为公共事业服务的观念。这是一个家族的优良传统吗?"不过,如果他的儿子没有子承父业入主白宫,这对美国更有利吗?麦卡洛不这么认为。他说:"约翰·昆西·亚当斯是个非常了不起的人。他不是一位举足轻重的总统,不是最伟大的总统,但他也不是一个不称职的总统。"

"他是唯一一位从总统宝座上退下后重回众议院供职的总统,这是空前绝后的。他在众议院日复一日地与奴隶制作斗争,何况他当时年事已高,身心俱疲。他在工作时永远地倒下了。"

家族观念趋于过时

肯尼迪说,1825年约翰·昆西·亚当斯出任美国第6任总统时,伟大家族肩负重大义务的观念已经有些过时,遭遇到19世纪20年代崛起的安德鲁·杰克逊和比较包容的"杰克逊民主",后者赋予出身卑微的人以合法权力。

戴维·肯尼迪说:"参政者可以是从传说中的小木屋里走出的边远落后地区的乡巴佬。事实上,小木屋已经成为出身卑微的代名词。"他指出,如今,出身卑微的候选人可能大声说出事实。参议员约翰·爱德华兹就曾不止一次地说过"我是工人的儿子"。同样,贝拉克·奥巴马也讲述了自己从逆境中崛起的鼓舞人心的故事。肯尼迪说,"你可以是罗斯福家族的成员",可以是富家子弟,也可以是名门之后,"但你必须是公民权利的捍卫者"。

正如赫斯所言,美国的政治王朝一直是不稳定的,许多开国元勋的家族在演完角色后退出了舞台。乔治·华盛顿没有亲生子女,他的继子杰基死于斑疹伤寒;同样,杰斐逊家族、麦迪逊家族和林肯家族投身政界的传统也没有延续多少代。

赫斯说:"并非这些家族呆得太久。也许肯尼迪家族的一位成员呆得有些过久,但总的来说,他们都体面地退出了舞台。如果能透过足够长的镜头看历史,人们会发现,事实是要么他们对我们失去了兴趣,要么我们对他们失去了兴趣,然后他们就淡出视线。"

这对我们有好处吗?赫斯说:"从长远来看,他们待我们挺好,我们待

直通华盛顿
——主宰美国政治命脉的4大家族

他们也不错。"大抵如此。在任何一个由历史学家列出的十大总统名单上，都可以找到来自这些公认的王朝的总统。谁希望将西奥多·罗斯福或富兰克林·德拉诺·罗斯福或约翰·亚当斯排除在外？约翰·肯尼迪唤醒了一代青年行动分子，而威廉·霍华德·塔夫脱的政府则因推行反托拉斯法和建立邮政储蓄体系而闻名。

不过，不可否认的是，也有许多后座议员（英国议会下院中的普通议员——），国家没有他们也过得去。威廉·亨利·哈里森总统及其孙子本杰明·哈里森还算不好不坏？如今受全国公众瞩目的塔夫脱家族成员是去年刚刚离任的前俄亥俄州州长鲍勃·塔夫脱——他离任时的民意支持率低至7%，并被判犯有4项轻罪。

在一个拥有3亿人口的国家里，"小资源库"理论已经不再适用，那么，总有什么因素使得这些家族仍活跃在政坛。可以通过关系筹集到资金？这是一种解释。从父亲那里耳濡目染学到的政治技巧、管理意识或权势欲？又或是选举团更倾向于名门望族？

未来，人们将对布什和克林顿两个政治王朝中现有和正在争取加入的成员作出真正的历史性评价。与此同时，切尔西·克林顿和布什的双胞胎女儿也将有资格参加白宫主人的角逐。

延伸阅读:死于国庆日的三位美国总统

　　大约不会有人想到,天下第一强国、富国的美国,其总统的退休生活居然过得贫病交加,而且不止一位。巧合的是,这些贫困的总统当中,竟然有3位总统死于国庆日。

　　第一个死于贫困与国庆日的是第3任美国总统托马斯·杰斐逊(Thomas Jefferson)。他出身贵族家庭,属于富有阶层,后于1809年3月4日离任,死于1826年7月4日。巧合的是,他与他的前任、约翰·亚当斯(John Adams)几乎同时离开人世,虽然后来他们已经和好。杰斐逊的墓碑上刻着"托马斯·杰斐逊,美国《独立宣言》和弗吉尼亚宗教自由法的执笔人,弗吉尼亚大学之父,安葬于此"。

　　亚当斯虽然晚年拮据,但仍有不多的土地等不动产;而杰斐逊8年的总统生涯,只给他留下了11000美元的债务,使他不得不另举债偿还以离开白宫。离开白宫之后,他来到了蒙蒂塞洛。虽然拥有几间小作坊和一个小农场,但杰斐逊仍旧入不敷出,后来他忍痛卖掉一些土地还债,但仍有几乎5万美元的债务,还债成了困扰这位离任总统的难解之结。他的大女儿玛霞与他一起生活,在给父亲的信中,玛霞写道:"我什么都可以忍受,就是不想看到你年纪这么大还要为债务而烦忧。"

　　1812年,英国人入侵焚烧了国会图书馆。杰斐逊将自己价值5万美元的藏书以23500美元的低价卖给国会,偿还了将近一半的债务。尽管手头拮据,他却从1816年起,以全部身心投入到筹建弗吉尼亚大学的运作之中。在他的积极游说之下,州议会批准每年支付15000美元以资办学。那段时间,他到处募捐用于建校。1825年3月7日,大学开学,尽管只有30名学生。没多久,杰斐逊终于因为贫困兼之过度劳累而病倒。当杰斐逊经济极其困难的消息传开之后,美国各地为之捐款16000美元,但这并不足以偿还他的债务并解决他的医疗费用。1826年6月24日,他写下了生平最后一封亲笔信,抱歉地推辞掉华盛顿纪念《独立宣言》50周年纪念活动。7月4日中午12时50分,杰斐逊离开了人世,享年73岁。几个小时之后,另一位《独立宣言》起草人、杰斐逊的前任总统亚当斯也撒手人寰。

美国第5任总统詹姆斯·门罗(JamesMonroe)出身小农场主家庭,家境并不富裕。他离任于1825年3月4日,巧合的是,他与托马斯·杰斐逊同月同日离任,而且他归宿的橡树庄园是杰斐逊亲自帮他设计的。与当时其他总统一样,由于总统薪俸根本不足以支付开支,离任时审计发现,他原有的庄园由于卖地还债,已经剩余不多了。于是,他致信当时总统麦迪逊,要求美国政府补偿对他的拖欠并请求国会援助,否则他将难以应付退休后的生活,但无结果。

这样,他不得不卖掉阿尔比尔和米尔顿附近的土地,但卖地所得仅能偿还部分债务。在有的债权人开始追索的情况下,他企图向杰斐逊请求援助,这才知道杰斐逊比他更贫困。于是,门罗联合其他人,联名向弗吉尼亚立法机关要求接济杰斐逊。门罗向美国政府提出的补偿要求被一拖再拖,门罗只好作放弃的打算。

1830年9月23日,门罗夫人因中风逝世,给门罗以极大打击。安葬完夫人之后,门罗几乎身无分文,他的所有资产都耗费殆尽,只得搬到二女儿在纽约的家中,依靠女儿生活。当时的总统约翰·昆西·亚当斯任命他的二女婿为纽约邮政局局长,这份薪俸保证了门罗一家的生活。为了挣钱,门罗总统只得写书换取稿费。门罗的贫困状态终于让美国国会无法视若无睹,他们批准给予门罗在任总统期间的补偿费3万美元,但这连同他的卖地进账只够还清门罗的旧债,却无法补偿他清贫的生活。1831年,门罗最后的家——橡树庄园被他卖掉了。至此,门罗终于成为了地道的无家可归者。当年7月4日,门罗在女儿家因心力衰竭平静地离开了人世,终年73岁,成为死于国庆日的第三位前总统。

第三卷

罗斯福家族

——美国卓越的政治世家

罗斯福家族是一个卓越的美国政治世家，为荷兰移民的后裔，在美国有超过三百年的历史。该家族产生过美国历史上两位很重要的总统——西奥多·罗斯福总统和富兰克林·德拉诺·罗斯福总统，以及一位第一夫人埃莉诺·罗斯福。现任美国国会的中国委员会总法务长苏珊·罗斯福也是罗斯福家族的成员。

第一章

西奥多·罗斯福

——美国崛起的雄狮

提到罗斯福,说的多半是小罗斯福,那位后半生一直与脊髓灰质炎搏斗的残疾人总统。小罗斯福是老罗斯福的远房堂侄。就功业而言,小罗绝对不输老罗,推行新政,结束萧条,领导二战,称雄世界,连任4届总统,事功之盛,前无古人,后无来者。

然而,就声誉而言,老罗却远在小罗之上。他和华盛顿、杰斐逊、林肯并称美国历史上最伟大的总统,被誉为20世纪美国最伟大的总统。最近几任美国总统,办公桌上都放着西奥多·罗斯福的胸像。

2006年,老罗斯福去世差不多90年之后,美国最有影响力的《时代》杂志将他选为封面人物,标题是:缔造美国。

1.生于"美国的多事之秋"

1858年真可谓是美国的多事之秋，由奴隶制问题引发的联邦危机正在急速发展之中,举国上下激荡不安。来自伊利诺伊州的共和党人亚伯拉罕·林肯与国会参议员斯蒂芬·道格拉斯之间，围绕奴隶制的命运、联邦与各州的关系、领地居民的主权等一系列问题,展开了激烈的辩论,是全国舆论关注的一个热点;准备建州的堪萨斯领地聚集了拥护和反对奴隶制的两派力量,双方剑拔弩张,冲突一触即发;这一年5月,激进的废奴主义者约翰·布朗在加拿大召集同道密谋起事,并制订《合众国人民临时宪法与命令》,准备与奴隶主集团及其所控制的政府做背水一战;此外,犹他领地的摩门教徒与联邦军队之间的冲突亦愈演愈烈;女权主义者们在纽约市集会,与会男子们故意起哄,使会场陷于混乱。"迫在眉睫的危机"已不是耸人听闻之论,不祥的阴云正在合众国上空弥漫开来。

居住在纽约市东20大街一栋3层楼房里的罗斯福一家,其日常生活似乎并未受到这种不祥气氛的干扰。这一家人钱袋充实,住房舒适,社会地位稳固,生意兴隆发达,生活得平静安谧。

女主人马莎·布洛克·罗斯福身怀六甲,这年10月27日生下一个男孩。由于第一个孩子是女孩，因而这个新生的孩子便是罗斯福家的长子,依照父名,取名西奥多·罗斯福。

西奥多·罗斯福的降生给这个家庭带来的当然是欢乐。不过,当时并无任何征兆表明,这个瘦弱的婴儿42年后会成为美国总统。

在东方,伟人的出生总被说成非同寻常,往往有吉兆祥光相伴,而西方人却不在乎什么预兆。尽管西奥多·罗斯福在一个扰攘不安的时代来到人间,但他的家庭拥有财富和名望,他今后的教育和生计绝无忧虑,这也算得幸运之至。

罗斯福一家是纽约曼哈顿岛上的老住户，其祖上可追溯到新阿姆斯特丹时期的荷兰移民。大约在1649年，一位名叫克拉斯·马腾森·范·罗森福的荷兰农夫，在新阿姆斯特丹登岸，定居在曼哈顿岛，开始了他在新大陆的创业生涯。

他的后人吉星高照，迅速发家，有的成了制造商，有的做了工程师，有的则涉足金融业。在财富不断增多和社会地位不断上升的同时，其姓氏也由罗森福演变为了罗斯福。独立革命时期，罗斯福家族的一名成员当上了纽约州议会参议员，为亚历山大·汉密尔顿争取批准联邦宪法出过力气。后来，这个家族的血统中逐渐掺入了德意志、英格兰、苏格兰、爱尔兰乃至犹太血统。西奥多·罗斯福在成年后经常利用其家族的血统来与不同民族的人打交道。据说，他与一位犹太人接触时曾说过："祝贺你！我的一部分也是犹太人。"

勤勉和诚信是罗斯福们的持家兴业之道，到祖父科尼利厄斯·范·沙克·罗斯福手上，其财产多达50万美元，虽不及科尼利厄斯·范德比尔特（美国的铁路巨头），亦已十分殷实了。但由于长期无人在政治上出人头地，所以这个家族还算不得名门望族。

父亲老西奥多·罗斯福是科尼利厄斯最小的儿子，也是个商人，与人合伙经营从其祖上继承下来的罗斯福父子公司。他生得仪表堂堂、英俊潇洒、身体强健，泰迪（西奥多·罗斯福的昵称）出生时，他才27岁。当时，他不仅已小有资产，而且乐善好施、热心公益，在纽约的上流社会颇有影响。

后来，他的生意越做越好，到40岁时已拥有数百万美元的财产，步入了当时的百万富翁的行列。他还参与创办了大都会与自然史博物馆，并在西57大街兴建了一处新宅邸。他那充实的钱袋为泰迪的成长、教育和政治上的起步创造了优越的条件。后来人们对他的人格、相貌大加赞誉，固然给人父凭子贵的感觉,但不管怎么说,老西奥多是一个富有魅力的男子,身上有很多优秀的品质,这对他那位后来大有出息的儿子的成长无疑产生了良好的作用。

西奥多·罗斯福晚年还不忘其父的影响,他在自传中称他的父亲为"我所见过的最好的人,他不仅强壮勇敢,而且文质彬彬、温良敦厚、毫无私心,但(他)也是我唯一真正畏惧过的人"。

2.文质兼备、外勇内秀的著名总统

在美国总统中，罗斯福是继杰斐逊之后的又一个具备高深学术素养和思想观点的人。其所以如此，与他早年所受的熏陶和教育有着莫大的关系。

1863年春天，老西奥多在新泽西州麦迪逊县的乡间找了处往所，将全家接到这里休养。这里的环境、气候都很不错，孩子们尤其喜欢乡村生活的乐趣，而且，这里的条件使他们的身体状况得到了改善。此后，连续4年罗斯福一家都来此度过夏季。罗斯福对这段生活十分怀念，晚年回忆起来仍流露出留恋之情。

虽然较多的户外活动使他的身体状态有所好转，但也仅仅只是好转，他仍是个体弱多病的孩子。

一天，老西奥多郑重其事地对儿子说："西奥多，你的心灵正常，但身体不行。如果没有好的身体，心灵是不能得到充分发展的，所以你必须锻炼好自己的身体。锻炼身体是件极苦的事情，但我知道你能做到。"

寥寥数语，每一个字都极有份量，既说明了灵肉之间的关系，又强调了身体的重要性；既指出了锻炼的艰巨性，又对自己的儿子表现出了极大的信心。据马莎后来回忆，她儿子当时连笑带叫地回答说："我会锻炼好我的身体。"

后来的事实证明，这一简洁的答复，对罗斯福的人生道路有着至关重要的意义。可以说，美国历史上那位文质兼备、外勇内秀的著名总统，是从这一刻开始造就的。

在进入哈佛大学以前，罗斯福没有接受过正规学校教育。他的父母担心他的身体无法承受上学的负担，所以像当时的许多富家子弟一样，他是在自己的家里完成早期教育的。他从其父母、亲友及家庭教师那里接受启蒙和基础教育,通过广泛的旅行和自由的阅读来积累知识。这种教育固然缺乏学校教育的系统性和完整性,但却具备许多正规教育所无法比拟的长处:学习成为生活的一部分,与兴趣紧密结合,能使孩子们获得很多书本上没有的感性知识,有助于培养其志趣与创造才能。诚然,这里面也存在不小的问题:必须有财富作支撑,穷人家的孩子是无法享受这一切的;而且,这也造成了罗斯福童年生活的缺陷,他很少拥有家庭圈子以外的伙伴。

罗斯福的启蒙老师是他的姨妈安妮·布洛克。这位南方女子长期未婚,与母亲一起住在妹妹家里,总觉得无以为报,便主动承担起妹妹的几个孩子的早期教育责任。她是一位天生的幼儿教师,热情活泼,善良务实,能使枯燥乏味的知识变得生动有趣。罗斯福就是在她的膝上学会了认读字母和拼写单词,并从她讲述的绘声绘色的南部故事中获得了有关美国历史与社会的知识。他后来对南部生活的怀想以及对各种未知事物的丰富想象力,也许就是在这时播下的种子。

罗斯福很小就养成了阅读各种读物的习惯,是一个很有名气的"书虫"。这是体弱多病的一个意外收获。由于不能到户外去活动,他便在家里寻找娱乐,不经意间,他闯入了家里一间无窗的藏书室,好似走进了一个新奇的世界。

罗斯福一家世代经商,家系久远,文化素养不低,家中略有藏书,这与内战后那些白手起家的工业巨子是不一样的。年幼的罗斯福毫无目的地任意从书架上取出一本书,尽管看不懂上面的文字,但那些饶有趣味的插图吸引了他,他认真地翻看书中的图片,借以打发孤寂无聊的时光。

3.人生道路选择上的转变

直到大学毕业前夕,罗斯福对政治都没有特别的兴趣。从政一途,既非他们家族的传统,也与他的志趣不相投。可是,刚离开哈佛不久,他便涉足政界,其职业政治家的生涯从此开始。这一人生道路选择上的转变,究竟是如何完成的呢?

罗斯福家祖祖辈辈以经商为业,很少有人在政坛上崭露头角。罗斯福的父亲老西奥多热心公益,对政治怀有贵族式的偏见,认为那是职业政客们所把持的肮脏勾当。但他也偶尔下海,与政界人士打得火热,不过终究一无所成,最后竟因牵扯进海斯政府的政治风波中而积虑成疾,染病身亡。罗斯福本人从小多病,后来又专注于锻炼身体和读书习文,很少关心政治上的事情,他的日记里记载了他所接触的各种东西,罕有提及政治。进入哈佛的头一学期,他参与了支持海斯竞选总统的活动,但不过是参加一两次游行、喊几句口号罢了,充其量只能算年轻人好奇心发作的表现,算不上什么正经的政治活动。他在哈佛的活动,基本上都是属于学术性和社交性的,与政治没有多大干系。就是在读书方面,他除了偶尔读读约翰·斯图亚特·密尔的著作外,大部分都是古典作品和科学读物。他最初立下的志向是做一名科学家,以研究自然史为终身事业。

当然,他偶尔也涉足校园政治。1879年2月,他在哈佛的年度聚餐会上做了平生第一次公开演讲。这位后来能言善辩、极善鼓动的演讲大家,第一次亮相却搞砸了,他羞赧紧张、词不达意,有时甚至连一个字也说不出来。

与此同时,他对自己的事业抉择逐渐发生了动摇。有一次,他就这一问题请教一位名叫劳夫林的教授,教授的回答意味深长:美国政府的办公大厦迫切需要有理想的年轻人,这份需要远比动物实验室对年轻人的需要强烈得多。

这番话令罗斯福怦然心动。不过,在罗斯福的人生选择中起至关重要作用的,还是他对爱情的向往。

坠入情网的罗斯福,在选择人生事业时,把恋人艾丽斯·李的意见奉为至高无上的圭臬。艾丽斯对罗斯福做科学家的理想颇不以为然,甚至在拒绝他求婚的理由中,有一条就是她讨厌实验室的恶臭气味。

艾丽斯固然没有提出以罗斯福从事何种职业作为订婚的条件,但她的态度无疑改变了他对自然史的看法。他开始重新考虑自己的人生之路。

由律师而步入政界,是当时有志于仕途的年轻人常走的康庄大道。有人猜测,罗斯福弃学从政,主要是由于做学问就必须去国外留学,恐怕有人乘虚而入,把他的宝贝恋人夺走。不管有无这层考虑,反正罗斯福的确做出了新的选择。

他不是一个三心二意、见异思迁的人,既已决定,必是经过深思熟虑的,而且必奉行不渝。后来事实证明这一选择是正确的,否则,美国政府的大厦中就会少了一位重要的"有理想的年轻人"。作为政治家,他获得了彪炳史册的成功;如果是从事科学研究,能否在科技史上占一席之地,尚未可知。

4.美国历史上最年轻的总统

1888年总统大选时,罗斯福在中西部为本杰明·哈里森助选。哈里森当选总统后,任命罗斯福到美国公共服务局就职。1892年大选中,哈里森落败,虽然罗斯福是前总统的支持者,但当选总统格罗弗·克利夫兰仍然将其留任。

1895年,罗斯福出任纽约市警察总局长。他任该职务两年,对警察局的运作施行了激烈变革。当年的纽约警界非常腐败,罗斯福采取了大刀阔斧的措施:定期巡查消防设施,对警员进行年度体能检测,新警员招聘严格依据体能和智力标准而非政治关系,招收少数民族和妇女警员,关闭导致腐败的、警方运营的商业设施,在所有的分局安装电话,等等。

罗斯福自幼对海军和海战史十分着迷,他的两个舅父都曾在南北战争时期服役于邦联海军。罗斯福于1880年结识了美国海军上校马汉,后者于1890年出版的《海权对1660~1783年历史的影响》研究了制海权与大国兴衰的关联,海权至上的思想深刻影响了当时的各国领导人,也强化了罗斯福的信念:只有急剧扩张海军力量,才能让美国与欧洲列强平起平坐。1897年,威廉·麦金莱总统任命他为海军部副部长。海军部长约翰·隆长期称病,不理政事,麦金莱对海军也不感兴趣,以至罗斯福在海军部大权独揽。他致力于海军现代化,并且大力推进美国的造舰能力。他的工作为未来的美西战争作了出色的战略准备。

1898年2月15日,美国海军缅因号战舰在哈瓦那港被击沉,罗斯福认为将西班牙势力驱逐出古巴和菲律宾的天赐良机到了,虽然麦金莱并无此雄心。这一事件发生后的第10天是星期五下午,约翰·隆因故临时不在办公室,于是,罗斯福越俎代庖,向海军加勒比海舰队司令和停泊于香港的舰队发出战备命令。约翰·隆并未对此越权行为加以追究。4月25日,美国国会向西班牙宣战,美西战争爆发,美国海军的两支主力舰队早已整装待发,罗斯福大显身手的时刻终于来了。美国海军在马尼拉湾和古巴圣地亚哥取得了决定性胜利,彻底摧毁了西班牙远洋舰队,致使西班牙沦落为列强中的小角色。美西战争后,罗斯福不满足于在后方观战,辞去了海军部的文职工作,组建了一个包括西部牛仔老朋友和东部常青藤老校友的兵团,号称美国第一志愿骑兵旅,佩中校军衔,后晋升为上校。虽然号称是骑兵,但罗斯福是该部队唯一有马可骑的人。在1897年古巴境内的两场战斗中,该旅战绩显赫。

从古巴归来后,罗斯福再度进入纽约政界,1898年当选为州长。1900年大选,共和党推举他做麦金莱的副总统候选人。麦金莱赢得了大选,罗斯福也跟着进了白宫。不过,副总统这个闲差对于罗斯福这样的人而言,显然非常无聊。这段时期,他唯一给人留下印象的行动是,在一次演讲中说出了能表达其行事作风的名言:"温言在口,大棒在手。"

1901年9月6日,麦金莱总统被无政府主义者刺杀,9月14日不治身亡,罗斯福补位登上总统宝座。当时,罗斯福年仅42岁,比43岁竞选总统成功的约翰·肯尼迪更年轻,但由于他属临危受命,不像肯尼迪那样经过竞选程序,所以从不同角度来说,两人都是美国历史上最年轻的总统。他也是唯一没有指着《圣经》宣誓就职的美国总统。他在第一任期保留了前总统的内阁和基本施政方针,1904年连任后,他的政治倾向开始偏左。

1902年,美国矿工联合会发动煤矿工人大罢工,威胁城市取暖燃料供应,引发了一场举国危机。罗斯福召集矿主和劳工领袖在白宫开会,达成妥协,将工作时间从每天10小时缩短到9小时,并且让工人得到了10%的加薪,以此结束了持续163天的罢工。

5.第一位对环境保护有长远考量的总统

西奥多·罗斯福是第一位对环境保护有长远考量的总统,在猎人和渔民阶层获得了广泛支持。

1904年3月14日,他在佛罗里达设立了第一个国家鸟类保护区,也是野生动物庇护系统的雏形。1905年,他敦促国会成立美国林业服务局,管理国有森林和土地。罗斯福设立的国家公园和自然保护区面积比其所有前任所设总和还多,共1.94亿英亩,举世闻名的大峡谷国家公园就是其中之一。他常给《户外生活》杂志撰稿,宣传自然保护理念并报告国家公园进展。他在一篇文章中写道:"我们的发展与永久性财富的资源保护有密切的关系。"1906年,罗斯福在白宫召集全国州长会议,讨论对于水、森林和其他自然资源的有效规划、分析和使用问题。但有时,他的措施难免极端。他曾下令捕杀凯巴勃森林中的狼群,以谋保护鹿。之后狼群灭绝,鹿增长到了10万只,但鹿群大量破坏森林,导致凯巴勃森林植被迅速减少,之后一场瘟疫将鹿群锐减到了4000只。此时,罗斯福才恍然大悟,他下令捕杀的狼其实是鹿群数量的保护者。

20世纪初,铁路被视为强大的力量。罗斯福认为政府应加强对铁路运输和跨州贸易的监管和规范,使国会于1906年通过了《赫本法案》,授权州际贸易委员会设置铁路运费上限,同时也禁止铁路公司为关系公司免费运输货物。当时无人预料到未来蓬勃的汽车运输业对铁路的挑战,该法案对消费者和商业企业提供了一定程度的保护。同年,他还促使国会通过了《食品和药物纯净法案》和《肉类产品监督法案》,对养畜和肉类加工企业进行稽查和实施强制卫生标准。国会修正了该法案,以免小型屠宰场不合卫生标准的产品损害出口和国内市场。

6.在外交上最显赫的成就——开凿巴拿马运河

罗斯福政府的外交活动非常活跃。在古巴、波多黎各、菲律宾和巴拿马运河区,他动用军队的医疗部门在当地建立了公共卫生系统。罗斯福还急剧扩张了美国海军的规模。1902年,委内瑞拉政府出现财政问题,拒绝支付外债,欧洲国家出动海军封锁其海港,委内瑞拉危机爆发。美国政府奉行门罗主义,警告欧洲列国不得干涉西半球事务,罗斯福命令美国海军前往委内瑞拉海域巡逻。1904年,罗斯福推出了更加咄咄逼人的"罗斯福政策":为了避免第三方在拉丁美洲采取行动,美国必须自行维持西半球的秩序,如果出现行为不轨的国家,美国有权进行军事干预。

1905年,日俄战争开始,日本陆海军以弱胜强。虽然罗斯福对沙俄在远东的野心感到不安,对日本军队的战斗力极为欣赏,但是他并不愿意让日本在远东独大。于是,罗斯福召集两国代表在新罕布什尔州朴次茅斯港进行和谈。他对调停人的角色非常着迷,连哄带吓,最终使两国签署了《朴次茅斯条约》。罗斯福因此赢得了巨大的国际声誉,并且获得了1906年度诺贝尔和平奖。后来,他又仲裁了德国与法国在摩洛哥的势力划分。一些历史学家认为,罗斯福的这两个行动从某种程度上避免了世界大战。

罗斯福在外交上最显赫的成就是开凿巴拿马运河,将纽约与旧金山之间的水路航程缩短了8000英里(约1万4千公里)。当时,巴拿马是隶属于哥伦比亚的一个省,哥伦比亚与尼加拉瓜竞争运河选址。1902年,哥伦比亚与美国政府谈妥了一个条约,由美国出钱从法国购买巴拿马运河工程的设备,1881年法国在巴拿马有过失败的尝试。

条约签字后,在哥伦比亚参议院批准的手续中出了麻烦。哥伦比亚参议院的要价比条约高出1000万美元。美国政府拒绝就价格重新谈判,哥伦比亚政客于是提出新建议,将条约中第三方的法国公司踢开,结余的款项付给哥伦比亚。罗斯福对于哥伦比亚这种诡诈的做法感到厌恶。

1903年,罗斯福做出最后决定,出于对巴拿马运河利益的考虑,支持巴拿马独立。独立战争仅持续了几个小时,哥伦比亚士兵每人接受了50美元的贿赂,便放下了武器。1903年11月3日,巴拿马共和国诞生,启用美国事先起草的宪法。不久,美国与巴拿马缔约,以1000万美元的代价拥有巴拿马运河的开发和使用权。1904年,运河工程开工,1914年竣工。

7."像公鹿一样顽强"

　　1911年底,本是合作者的罗斯福与塔夫脱两人彻底决裂,罗斯福自行宣布角逐共和党总统候选人。但是他动手略迟,塔夫脱已经取得了党内大佬们的支持。然而,在12个州的党内初选中,罗斯福赢得了9个,表明他在普通选民中仍然颇受欢迎。不过,当时的初选不如现在这般重要。

　　共和党全国代表大会在芝加哥召开之际,罗斯福发现自己无法直截了当地取得总统候选人资格,于是呼吁自己的支持者离开会场,另起炉灶,成立进步党,并且按照总统和州级竞选的需要建立永久组织结构。该党外号"公鹿党",因为罗斯福号称自己"像公鹿一样顽强"。他在代表大会上大呼:"这是世界末日的哈米吉多顿,我们为主而战!"他那十字军式的豪言壮语令与会代表大为振奋。这个党的竞选平台是加强政府干预,保护人民免受利益集团的压迫。

　　1912年10月24日,在威斯康星州密尔沃基的一次促选活动中,一名理发店老板向罗斯福行刺。子弹击中演说稿和眼镜框后进入他的胸腔。但当时的罗斯福拒绝入院治疗,他坚持完成了90分钟的强力演说。他对听众说:"不知你们听说过没有,刚才我挨了一枪,但是这不够杀死一头公鹿。"医生诊治的结果是,枪伤严重,但是取出子弹会导致更大的危险,于是罗斯福的身体终生都携带着这个弹头。

　　在当年的总统大选中, 罗斯福赢得了27%的普通选票,塔夫脱是23%,民主党人伍德罗·威尔逊以42%的得票率当选。共和党因罗斯福带领大批进步主义者脱离而元气大伤,用了一代人才渐渐恢复。

　　1913年,罗斯福到亚马逊河热带雨林地区探险,并将此次探险的经历写成了一本畅销书《Through the Brazilian Wilderness(穿越巴西野林)》。这次探险的资助机构是美国自然历史博物馆,罗斯福答应提供新发现动物的标本。抵达南美后,探险队增加了一个更具进取心的目标:探索困惑河(Rioda Duvida)的源头。这条河后来被命名为罗斯福河,以纪念他的壮举。探险团队共有16位成员,包括罗斯福的一个儿子、美国自然历史博物馆派遣的人员,还有巴西军队的一个中尉、医生等。

在顺着河流探险途中,罗斯福腿受轻伤,并因此感染了疟疾,继而持续发烧。在配给食物有限的情况下,他担心自己拖累整个探险的日程,于是要求独自留下。但是他的儿子坚持带他前行,队医也对他悉心照料,终于把他从死亡的边缘救了回来。这场疾病使他的体重减少了约20公斤。返回纽约后,罗斯福给朋友的信中写道:这场大病至少让他减寿10年。在余生中,他经常因为疟疾和腿伤未愈而住院治疗。

身体基本康复后,罗斯福又前往华盛顿特区为此次河流探源答辩,因为有专业人士怀疑考察结果。他的学术报告平息了争议,罗斯福河的命名也得到了国际的认可。

1914年第一次世界大战爆发后,罗斯福竭力支持英法联盟,认为他们是在捍卫人类文明。他主张对德国采取严厉措施,报复其潜艇袭击。当时德裔和爱尔兰裔美国人主张保持中立,罗斯福对此强烈谴责,指责这些人不爱国,将德国和爱尔兰的利益置于美国利益之上,同时强烈批评威尔逊的外交政策,认为美国政府过于软弱。1917年美国参战后,罗斯福自告奋勇组织一个志愿步兵营,但被威尔逊回绝了。

罗斯福对威尔逊的批评使共和党于1918年重新夺回了国会的控制权。当时,罗斯福在选民中仍有很高的号召力,这使他萌生了角逐1920年总统大选之念。然而,自1918年,疟疾使他的身体每况愈下。同年,他的小儿子昆腾参加空军赴法国作战,战机被击落后阵亡。昆腾是罗斯福的幼子,并且在精神气质上最像他,丧子之痛使罗斯福的身体再未完全康复。

延伸阅读:所有的泰迪熊都是罗斯福熊

香港太子大厦有一间精品公仔店,镇店之宝是一只泰迪熊,为英国名师所制。这只泰迪熊一身猎装手握长枪,店主叫它罗斯福熊。

其实,所有的泰迪熊都是罗斯福熊,泰迪(Teddy)是西奥多·罗斯福的昵称。

泰迪熊的故事发生在1902年。那是,西奥多·罗斯福总统去密西西比州公干,当地的主人为他安排了一次猎熊之旅。但这次狩猎很不走运,整整3天,猎人们一无所获。到了第四天,向导和猎狗终于发现了目标——一头黑熊,不过那头熊又老又病,在猎狗和猎人的围攻下奄奄一息。向导请来了西奥多·罗斯福,让他射杀这只已被团团围住的黑熊。罗斯福断然拒绝,他说:"这可不是真正的猎家所为。"

这个故事不久被漫画家克里夫·贝瑞曼画成漫画,发表在《华盛顿邮报》上,之后举国皆知。接着——按照比较流行的说法——纽约一位小店店主莫里斯·米其顿制作了一只玩具小熊,寄到白宫,恳请总统同意小熊取名泰迪,总统答应了。从此,世界上就有了泰迪熊。太子大厦的那只泰迪熊,正是对遥远传说的一次响应。

有意思的是,贝瑞曼第一幅漫画里,黑熊的身高和猎人相仿,明显是一只老熊;但他后来为其他报纸重画这幅漫画时,黑熊身量变小了,怎么看都是一只可爱的幼熊。现在,几乎所有关于泰迪熊的品牌传奇都变成了罗斯福放生小熊的故事,都市消费神话需要更多《读者》式的温情和圆满。

事实上,当年老罗斯福只是很简单、很实在地吩咐手下把那只痛苦挣扎、求生无望的黑熊予以人道毁灭。

第二章

富兰克林·罗斯福

——20世纪最受爱戴的美国总统

富兰克林·罗斯福是20世纪最受爱戴的美国总统——虽然他出身贵族,但他相信平凡人的价值,并且为维护百姓的权利而战。他有着慑人的魅力,对未来充满信心;他带领美国走出了经济困境,改变了美国人的生活方式;他捍卫了民主政体,帮助世界实现了安全……回顾他的一生,就像他自己说的那样:"我只是个普通人,但是,我的确比普通人更加倍努力。"

1.赫德逊河畔的少年

纽约州赫德逊河河谷,土地肥沃,林木繁茂,交通便利。在距纽约市区约100英里处的河谷东岸,有一大片山岭逶迤的高地,高地的一个小山丘上坐落着一幢气势不凡的宽敞楼房,这就是海德公园村罗斯福家族的宅邸。1882年1月30日,富兰克林·德拉诺·罗斯福出生于此。他就是后来美国的第32任总统。

对于年幼的罗斯福来说,舒适的住宅和海德公园就是他的整个世界:共有3层的住宅楼宽敞明亮,四周环绕着优质护墙板和狭长的阳台,房顶上有一个可以眺望大海的平台,楼房正面配有一条长长的带扶手栏杆的门廊, 正对着大门的马路西边伫立着一排排爬满常春藤的高大石柱;围绕着整幢楼房的是修剪整齐的花坛、草坪和各种高大的树木,有铁杉树、榆树、槭树、栗子树、水青冈树等;楼房右边有一个暖房和被高大的铁杉树紧密围起来的玫瑰园,左边有冰窖、谷仓、厩棚、葡萄园。

小罗斯福的活动室设在三楼, 透过百叶窗可以看见如茵的青草漫过远处低缓的山岗、成群的牛羊,以及漫步在草地和树丛间的良种马,稍远处是一片片翻耕的田地和整齐的牧场。小富兰克林常被抱上楼顶平台乘凉。从这里放眼望去,赫德逊河的美丽景致一览无余,平静的水面上白帆点点,更远处是湛蓝的大海。

整个赫德逊河谷肥沃的土地只归纽约州十几家名门望族拥有。罗斯福家的邻居大多是实业界的头面人物,范德比尔特、罗杰斯、艾斯特、奥格顿就住在附近,小罗斯福常和这几家的孩子们嬉戏玩耍。

母亲萨拉在罗斯福出世后不久就开始记日志,20年来从未停止。儿子的一举一动、一言一行都被详细记录在案,甚至儿子穿过的衬衣、鞋子、小袜子,以及稍大些时的信件、考试卷,都被她整整齐平地保存了下来。

今天，人们正是通过这厚厚十几本密密麻麻的日记和一大摞早年的信件,才得以更为清晰地看到富兰克林·罗斯福早年的生活情景。

罗斯福的童年是在严格而又充满爱的教导和训练中度过的。母亲萨拉在日记中写道:"我们并不让孩子做大量没必要做的事,虽说那些于他有益的规定必须严格遵守。我们从不仅仅是为了严厉而严厉,实际上,我们暗中也感到骄傲,因为富兰克林似乎天生就不需要那样的约束。"

罗斯福的父亲有意识地要将他培养成一名海德公园气派十足的美国绅士;母亲更溺爱儿子一些,似乎一心想让儿子永远和自己依偎在海德公园这个宁静、安全、没有险恶挑战的世外桃源中。她小心谨慎地尽量不让儿子感知到这个世界上无穷无尽的忧愁、苦难及其他令人震惊的消息。

他们并没有刻意培养罗斯福的意志力和独立的性格,因为他们深信:"只要让富兰克林的脑海里时刻充满着美好的事物，心灵中不期而至的高尚境界就能自觉地抵御粗俗、懦弱和邪恶,而达到这一目标的重要途径就是尽量让健康有益的自由活动充实他的身心。"

罗斯福是父母美满婚姻的独生子,这个家庭一切都以他为中心。没有兄弟姐妹同他争宠、抢夺玩具,或者带他走出父母的安乐窝去过学校生活和上运动场。这样的环境培养了他的优越感以及基于自信的平静性格。多年以后,心力交瘁的罗斯福坐在白宫里不止一次地说道:"我的灵魂召唤我回到赫德逊河畔。"

几乎每年夏天,他们都要去芬迪湾的坎波贝洛岛,那里属缅因州,位于帕塞马科迪海湾的入口处,濒临风急浪高的大西洋,气候潮湿、凉爽。他们在岛上买了一块约两公顷的土地,建了一幢小别墅。罗斯福的父亲买了一条51英尺长的"半月号"小汽艇,罗斯福对它爱得入迷。他常跟着父亲乘船出航,邀游在浩森的海面上,并很快掌握了驾船技术。他们也常去马萨诸塞州的费尔黑文走亲访友。

14岁以前，罗斯福随父母和家庭教师去过欧洲9次，对伦敦、利物浦、巴黎、柏林和莱茵河十分熟悉。他们有时在那里一住就是几个月，接触的尽是上流社会的家庭。年事已高的父亲在温泉疗养地度假时，罗斯福就骑着自行车来往于荷兰和法国的一些地方，或者去拜罗伊特看歌剧，到布劳恩山攀登黑森林。

一开始，罗斯福在邻居罗杰斯家的一个由德国女教师主持的小班里上学。以后，家庭女教师和私人教师被不断地请到家中来。第一位女教师莱因哈德教罗斯福德语和小学课程，教学效果良好，可惜她后来因病住进了精神病医院。接替她的是一位来自瑞士的米尔·丁·桑托斯小姐，她每天教罗斯福6个小时的法语、英语和欧洲史。具有一些模糊的社会正义感的桑托斯小姐设法让罗斯福的思想超出家庭规定的范围，第一次让他了解到海德公园以外的广阔世界的苦难和纷扰。

在一篇关于埃及的作文里，10岁的罗斯福写道："劳动者一无所有……国王强迫他们干重活，可给他们的东西却少得可怜！他们濒临饿死的边缘！没有衣服穿，他们大批大批地死亡……"

这时的罗斯福开始大量阅读书籍，他喜欢读马克·吐温的作品，他曾对人说："如果有人喜欢我的措辞和演讲风格，那么这很大程度上是我长期阅读马克·吐温作品的结果，它们对我的影响比别的作家的作品都要大。"

他经常独自呆在楼上，入神地阅读那些已经读了许多遍的关于海洋的寓言故事，以及那些布面装的记录19世纪初捕鲸船的航海日志。母亲也经常指导儿子读一些内容严肃的书。9岁时，他就认为所有的杂志中，《科学美国人》最好，而一般在他这个年龄段的孩子大多数都很难对这类杂志产生兴趣。他记忆力不错，尤其是背词汇的能力很强。他后来成为了美国历史上少有的能讲法、德两门外语的总统。

2.不但重视智力发展,而且重视道德和体力方面的发展

由于母亲萨拉割舍不下,直到1896年9月,14岁的罗斯福才进入寄宿学校,那是由思迪科特·皮博迪博士创办的著名的格罗顿公学。

14岁的富兰克林·罗斯福设法插入了三年级。他在海德公园的邻居伙伴小埃德蒙·罗杰斯同他一起入学,他的侄子塔迪·罗斯福比他高一年级。在他班上的其他孩子中,9个来自纽约市,7个来自波士顿,2个来自费城。只要稍微看看那些姓氏,就知道他们尽属于东海岸中心城市的名门望族。据当时统计,格罗顿公学6个班级的学生中,有90%以上出身于美国上流社会家庭。

罗斯福刚进校时,操着浓重的英国口音,有些不太合群。后来,他逐渐学会了与同龄人相处,较快地克服了一般插班生因突然面对全新环境而容易产生的羞怯、焦虑、失落等不适应症,并从容地进入了角色。

皮博迪校长向他的父母报告说:"在我的印象中,他是个聪明和诚实的学生,也是个好孩子。"

皮博迪的教育思想体系并不复杂,他十分清楚他的教育目的之所在,那就是他在训话中经常讲的,"要培养出勇敢的基督性格,不但重视智力发展,而且重视道德和体力方面的发展"。他希望格罗顿公学的这些富家子弟将来能成为改善社会的栋梁之材。

他曾对人说:"如果格罗顿培养的学生不从事政治并为国家作出贡献的话,这不是因为我没有敦促过他们。"他所关心的是造就一个"有行动、有信仰、思想健全的人,而不是整日冥思苦想的学者"。

罗斯福虚心地接受着校长的这些训导,并将其中的很多内容变成了自己的信条。

1940年,罗斯福总统在写给年迈的校长的信中写道:"40多年以前,您曾在旧教堂的一次布道中讲过,不能让青年人的生活丧失理想,一个人即使在晚年也不应当失去起童年时代的梦想,这就是格罗顿的理想——我极力不把它忘记,一直到现在还在我耳边回响。"

可以认为,皮博迪在少年富兰克林世界观趋于成形的过程中起到了重要作用。杰出的博士校长以其人格的力量在每一个格罗顿学生身上打下了或轻或重的烙印,富兰克林也不例外。

为了强调生活简朴,锻炼意志,格罗顿公学额外规定了一些斯巴达式的生活:学生们一律住在10英尺长,5英尺宽的单独小寝室里,室内的布置陈设简陋到了极点,房门口挂着一块布帘权且当门;早晨7点起床洗冷水浴,在皂石洗涤槽里用铁皮脸盆洗漱;全体学生必须在一整天里严格遵循校长规定的日程表,不得有误;参加集体晚餐时要穿戴整齐,白衣领要弄得和校长一样笔挺,而且要穿起皮鞋。

另外,格罗顿公学还大力推崇体育活动。身材瘦长、肌肉不够匀称和发达的罗斯福自然不能靠出色的体育成绩来出人头地,但他还是充满热情地参加足球、垒球、篮球、拳击、划船等体育日程表上所罗列的一切项目。有些项目轮不到他上场比赛,他就在场外当啦啦队员,有时甚至会喊哑喉咙。

1897年的暑假,他父亲送给他一艘长约21英尺的单桅小帆船。在随后的几年里,罗斯福或是独自一人,或是同朋友们一起,常驾着这只被命名为"新月号"的帆船出海,并且详细地考察了无数个小海湾。芬迪湾里哪有激流险滩,何时潮涨潮落,罗斯福都一清二楚。

皮博迪校长的信条之一就是:获得受教育的优越机会同时意味着负有为祖国服务的义务,以及为不够幸运的同胞们谋取福利的义务。

40年后,富兰克林·罗斯福写信对皮博迪校长说:"我认为在我的思想性格正在形成的时期,我有幸接受您的教诲,是我一生中的一大幸事。"

直通华盛顿
——主宰美国政治命脉的4大家族

事实上，罗斯福对于美国下层社会的了解和关心正是在格罗顿时期形成的。皮博迪基于其基督教信仰长期从事社会福利公益活动，格罗顿公学一直为穷苦的孩子们举办夏令营，富兰克林热心地参加了服务工作。他从皮博迪那里所学到的，就是为时乖命蹇的人服务的基督教绅士们的理想：即坚持拥有特权的美国人将在解除国内和国际间的疾苦中起作用。皮博迪付出了巨大努力教诲他的学生们时刻铭记这些人间疾苦，他和格罗顿公学帮助罗斯福形成了自己对社会问题的基本看法。

1934年，罗斯福写道："在我的一生中，除了父母之外，皮博迪博士和夫人对我的影响和将要给我的影响比其他任何人都大。"之后，凡是白宫举办的非官方性质的仪式活动，罗斯福都尽量请皮博迪博士来主持。

1900年6月，18岁的罗斯福结束了格罗顿公学的学习生活。临毕业前，他戴上了夹鼻眼镜，于英俊中透出几分秀气和成熟的睿智。他得到的纪念品是40卷莎士比亚全集。皮博迪校长在他的毕业证书上写道："他是个诚实的学生，在整个学习期间，他在集体中的表现非常令人满意。"

1904年6月，罗斯福正式告别哈佛大学。他的家世、教养、特殊身份以及教育程度使他产生了一种优越意识。他踌躇满志、意气风发，认为自己"应该在美国社会中成为一位举足轻重的人物"。母亲萨拉也承认："他的父亲和我总是对富兰克林寄予极大的期望。……我们认为他应当能取得优胜，如果他确实成功了，我们会很高兴，但并不会吃惊。总之，他有许多其他孩子所不具备的条件。"

在从哈佛毕业后的5年里，富兰克林·罗斯福一直游移不定。这段时间，他进入了哥伦比亚法学院，但繁琐精细的法律条文令他觉得索然无味。他沮丧地给老校长写信说："我正在试图对这种工作有所了解。"他没有参加毕业考试，所以在1907年离校时没能拿到法学学士学位，只是在此之前通过了纽约律师协会的考试。

随后，罗斯福进入了坐落在华尔街54号的卡特—莱迪亚德—米尔本法律事务所,充当一名初级书记员。第一年见习期没有薪水,第二年开始拿微薄的工资。他只能整天泡在办公室里打杂,间或受理一些小官司。他缺乏经验,律师才能也不出众,但有时,他靠投机取巧,靠绕开实质内容而专攻诉讼形式,也能打赢一些小官司。通过一些不大的诉讼案件,尤其是通过在律师事务所里所接触的形形色色的人才,罗斯福更加深刻地认识到了自己的国家。后来,他被调到了该事务所的海事法律部,这才对工作有了些兴趣。此外,每个周六下午,事务所年轻同事们的自由聚会也让他感到些兴趣,同事们都视他为一个与自己没有利害冲突的乐天派。

　　这段时光平静而寻常。传记作家们一般称之为罗斯福的"静止阶段"、"社会心理发展的暂停期"或"韬光养晦的6年"。在海德公园,罗斯福承担了一些与其地位相称的具有献身社会意味的义务工作。他参加了志愿消防队,成了一名义务消防队员;他坐上了赫德逊河水上游艇俱乐部副主席和圣詹姆斯主教派教会的教会委员的位子;此外,他还是波基普西第一国民银行的董事。通过积极参加这些组织和协会的活动,罗斯福初步掌握了同各阶层人士打交道的技巧,并很快成为该社区中年轻活跃的栋梁。他乐观随和,同邻居相处得甚是融洽,口碑很好。就这样,罗斯福在不知不觉中按着前人惯用的方式,为日后自己在这个社区竞选某个职位打下了基础,这实际上等于在他实现自己远大目标的征途上迈出了成功的第一步。

3.进入海军部使他的职业与爱好得到了近乎完美的统一

罗斯福自童年时代躲在阁楼上翻看那些蓝布封面的捕鲸船日志起,就喜欢上了船和大海。少年的他想方设法地收集船舶的模型和图片,还有旧船上的测程仪、海洋画册等。他曾不止一次地阅读过美国海军的历史和马汉上将的著作,强烈的蔚蓝色之梦曾一度使他萌生出进海军学校的愿望。他曾驾着他父亲和自己的帆船,在坎波贝洛沿海一带度过了好几个盛夏。离开哈佛大学时,他收集的有关海军和船舶的书籍、小册子、论文、手稿、原始文献等共计1万多件。

在1913年3月进入海军部时,罗斯福已经是一位众所周知的具有丰富舰船知识和海军业务知识的内行。相比之下,他的顶头上司,比他大20岁的海军部长约瑟夫斯·丹尼尔斯倒是个不折不扣的外行。

的确,进入海军部使他的职业与爱好得到了近乎完美的统一。但更为重要的是,罗斯福把这一步看成是自己实现下一个政治目标的契机或阶梯。

海军部只设一名助理部长。7年多里,罗斯福日复一日地处理着那些层出不穷而又棘手的行政事务,积累了丰富的使他日后当总统时也受益匪浅的行政管理经验。

(1)他广泛听取意见,只要他认为是好的建议就一概采纳,而从不去考虑它出自谁手。

他呼吁文职人员和海军军官之间要精诚合作,尽量减少意气之争和派性磨擦。"在我看来,没有什么比让大家感到来自同一个俱乐部更能提高工作效率。"

他对由一大堆惯例、手续和规定所垒起的陈规陋习,对毫无生气而压抑个性的层级节制、繁文缛节、衙门作风深恶痛绝。他在作出某项决策并采取相应行动时,会尽量绕开这些羁绊而去充分相信被证明是正确的东西。他决定对东西海岸的所有军用造船厂进行一番关、停、并、转的大改造,将具备条件的厂改为能够充分开工和自给自足的工业基地。因其计划周密、工程效率高,此举为政府节省了大笔资金。

(2)他总是直接了解各种情况,通过形形色色的人来不断丰富自己对政府僵化、繁琐的工作方式的认识。

罗斯福在采购军需、签订订货合同、负责基本建设时不得不同承包商、经纪人、制造商进行复杂而艰难的周旋,同这些对手的谈判和争论增强了他作为一名进步政治家的声望。在面对那些为争夺装甲钢板营造权而作出相同投标报价的制造商、垄断优质煤的矿场主、哄抬物价的投机商、索取高额佣金和回扣的经纪人时,他不得不与之正面交锋,寻求有利的突破口。费用总开支取决于国会的定额拨款,罗斯福的立场是,让每一美元都发挥它最大的效益,用节省的经费来购买更多的军舰。

有一次, 几家美国主要钢铁公司提出同样报价竞争装甲板的建造合同,罗斯福却接受了一家英国公司的低价。美国制造商协会指责罗斯福这种"非爱国主义的行为",罗斯福愤怒地反击,声称这些趁国家卷入战争之机而欲大捞一把的制造商根本不配谈爱国主义。

还有一次,为了省钱,他从其远亲经营的维拉德·布鲁斯公司购进了一批质量有问题的煤,国会为此进行了调查并举行了听证会。罗斯福在罗伯茨众议员的质询下坦率地指出, 此举旨在打破荒谬的煤矿价格垄断;况且,在购买了合同中的一小部分并发现其质量不好后,他们已主动中止了这份带有试验性质的合同。

罗斯福在战时负责分配订货单, 他认为政府企业在战时的职能主要是补充私营工业的不足,所以大部分订单理应分配给私人承包商,而一般来说,这个过程是比较容易以权谋私的。他很清楚共和党将在下一年控制国会,而威尔逊领导下的战争方针,包括海军部的战事行为均将受到严密的审查,他显然不能让自己处于易受国会的任何攻讦的地位上。最后,战后国会的调查委员会除了发现罗斯福过多地照顾了海军造船厂的工会,以及将部分订货单分给了与自己有交情的公司外,在海军部战时由他负责经手开支的几十亿美元中竟然没有任何可称之为丑闻的事件。

罗斯福在处理具体问题以及应付局势方面进步得很快,他总是直接了解各种情况,通过形形色色的人来不断丰富自己对政府僵化、繁琐的工作方式的认识。陆军部长牛顿·D·贝克对弗兰西斯·帕金斯说:"年轻的罗斯福很有前途,不过我认为这样不加选择地和人们保持广泛的交往会耗尽他的精力。但正如我所观察的那样,他正是依靠这种交流来澄清自己,并丰富自己的经验的。"

他有时像一块海绵,不加区别地吸收各种知识和意见,有时又像集邮那样,先从各种角落搜集意见,然后再由自己决定把它们放在哪里。总结下来,他的行事方针可归纳为从善如流、集思广益、为我所用。

(3)他自己很少制定新政策,但他从各方面吸取新东西。

他涉及的几乎每一件重要事务都包含着政策、技术、政治和商务诸要素,他总是每走一步就看一下结果。"他的态度是:不断地将坚定的行动与谨慎的承诺以及对结果的关注结合在一起。"如此热衷于试验和探索表明了他风格的灵活,这种风格也集中体现在了他与人们的交际方式上。在朋友路易斯·豪的帮助下,他日益熟练地掌握了沟通不同利益、不同好奇心、不同反应和感情的诀窍。

海军部还负责美国海外领地以及驻有美国海军陆战队的所有地方的事务。罗斯福作为助理海军部长,需要不时地前往这些地区巡视。他去过加勒比海地区的巴拿马、波多黎各、海地、古巴、多米尼加、维尔京群岛,太平洋地区的萨摩亚群岛、关岛、菲律宾、夏威夷、威克岛、豪兰克等地,还去过大小无数的海外海军基地和军事设施。所到之处,他都认真检查了驻地军官所采取的步骤及其后果,鼓舞海军士兵的士气,监督属地法令的实施。几乎每次从海外回来,他都要照例呼吁一番,主张美国应当拥有强大的主力舰,以保卫这些海外领地和军事基地。

在从1913年到1920年的7年多里,罗斯福是否自始至终都心无旁骛地完全埋头于海军事务而无暇他顾呢?

他虽热爱海军,但这毕竟不是他的终生事业。他明白自己真正的职业还是政治,他从不甘心从此做个被人遗忘的民主党实干家。他的目光从未离开过全国性的政治舞台,他敏感地判断和捕捉着每一个可以促进其政治前程的机会。

4.历经巨大创痛和打击而不改本色

罗斯福对脊髓灰质炎进行的战斗具备了现代英雄传奇的一切戏剧性情节。有人冷静而准确地指出："他那残废的双腿实际上已成为他的一种政治财产。它们为他赢得了同情，否则，他可能得不到这种同情。在以后的岁月里，千百万美国人为罗斯福在公众场合露面而深受震动——为他那紧张、痛苦而笨拙地移向舞台中心的样子，为他周围的助手和政客们的忙乱，尤其是为罗斯福容光焕发的微笑和刚劲有力的手势所深深震动。"

1921年8月初，纽约市热浪逼人，罗斯福全家乘他的豪华游艇去坎波贝洛度假。罗斯福在航程中驾驶着游艇，十分疲惫。次日，他又在捕鱼时掉进了冰冷的水中，冻得浑身发抖，好半天才恢复过来。8月10日晨，罗斯福夫妇和孩子们乘着自己的单桅小帆船在芬迪湾一带游弋，14岁的大儿子詹姆斯发现附近小岛的树林里起火，于是他们一起赶去扑火。两个小时后，站在灰烬中的他们个个汗流浃背、浑身烟灰且筋疲力竭，罗斯福便建议大家到附近的一个湖里去游泳。他率先跳进了刺骨的湖水中，但寒气立刻把他逼上了岸，随后，他就穿着湿透的游泳衣同大家一起回了家。此时，家中刚好来了一批邮件，罗斯福穿着湿衣服看了半小时的信件。后来，他忽然感到很不舒服，就早早喝了点热汤上床了。

次日，罗斯福的病情突然恶化，他的背部和双腿剧痛，且高烧不止。大夫诊断是重感冒，并让他卧床休息。第三天，罗斯福的腿已不能动弹，甚至连笔也拿不起来。8月25日，世界一流的专家罗伯特·S·洛维特终于做出了正确的诊断：脊髓灰质炎。

脊髓灰质炎又叫小儿麻痹症，是一种多发生于夏秋季节由脊髓灰质炎病毒引起的急性肠道传染病。患者在多汗发热、周身疼痛数日后常常会手足软绵无力，不能动弹，称为"驰缓性瘫痪"，这是因为病毒侵入了相应部位的神经组织所致。该病患者绝大多数是儿童，仅有极少数成年人因未获此病毒的免疫力而招致不幸。

病势较轻者可以在一两年内恢复到一定程度，不幸的罗斯福属于重病患者。他的两腿完全瘫痪，并伴有向上蔓延的症状，膀胱和直肠括约肌也一度瘫痪，必须插导管，有时剧痛会放射到全身，体温变化不定。

瘫痪已完全形成，两腿的肌肉和神经已被破坏，背部肌肉也可能萎缩，但在妻子埃莉诺和医生们的精心照料下，加上罗斯福自身蕴藏的巨大勇气和坚定的自信，在经历了最初的沮丧和失望之后，罗斯福开始变得愉快起来。

萨拉怀着强烈的母性本能要求儿子从此跟她回海德公园安度余生。实际上，埃莉诺和路易斯·豪早已在罗斯福的前途问题上达到了共识，他们相信，工作和事业是医治病痛的良方。

作为对罗斯福政治活动能力暂时不能发挥的一种补偿，路易斯·豪竭力鼓励埃莉诺走上社会前台，以便使罗斯福的名字不会从此在政治地平线上消失。埃莉诺克服了羞怯，走出了家庭圈子，学会了速记、打字、开车和演说。她加入了纽约州民主党委员会的妇女工作部，在那里结识了许多重要人物和新朋友，并当上了财务委员会主席。她还参加了妇女工会联盟，并在支持民主党的妇女选民中赢得了好感。她忠实地向他反映民情，几乎成了罗斯福的助手、耳目。她后来成为了美国历史上第一个在实质问题上具有影响力的第一夫人。

与此同时，罗斯福也在不断努力，他忍受着肉体和精神上的极大痛苦，每天接受一个又一个治疗，学着操作轮椅，学着掌握一些移动身子的新方法，经常连续几个小时锻炼身体。几个月后，他的腰部以上看起来像一个肌肉发达的运动员。

直通华盛顿
——主宰美国政治命脉的4大家族

1922年春,德雷珀大夫为他的双腿配了支架,每副支架用钢管和橡胶制成,绑在大腿和小腿上,支架在膝盖处有一个特殊设置,可以在他坐下时弯起来。当他被搀扶起来时,得有人插上销子,使支架保持固定和笔直。这样,他就能撑着丁字形拐杖,从腰部下面甩动双腿,一步一步地移动;如果扭转身子,他还可以走上小小的斜坡。但因双腿被固定得像制图员的圆规脚一样,他一个人无法登上超过3英寸高的台阶。

当罗斯福能够得心应手地使用丁字形拐杖并研究了这种走动方式的利弊之后,他觉得可以出去公开露面了。此时的他情绪乐观、精神饱满、思维敏捷,朋友们都不把他当成病人。

路易斯·豪这时告诫他:"在公开场合千万别让别人抬着你走,需要上台阶的地方干脆别去。"

罗斯福顿时领悟到了这条金玉良言的高明之处。从此之后,就像魔鬼不能越过圣水一样,台阶成了他不可逾越的障碍。

路易斯·豪甚至规定在公共场合他最好坐轮椅,尽量别让别人搀扶他,他的侍从人员渐渐变得十分擅长应付这种场面。罗斯福直到多年之后才明白自己再也不能像健康人那样走路了。但在以前的岁月里,他一直充满着希望,他多次写信告诉朋友们,他很快就可以撑着支架独立行走,最后单靠手杖就可以走路了。

在1920年竞选运动中给他担任过助手的玛格丽特·利汉德小姐这时成了他得力的私人秘书,她在很多方面给他以无微不至的帮助和体贴。罗斯福辞去了一部分职务,保留了大纽约童子军俱乐部主席和哈佛大学校务监委会委员等职。他向马里兰信托储蓄公司提出辞呈,但被好友布莱克拒绝了。为了感谢好友,他动用自己的社会关系,为公司拉了很多大客户。

1924年秋,乔治·F·皮博迪写信告诉罗斯福,说他在佐治亚州有个荒废的温泉疗养所,温泉的水富含矿物盐,能轻易地把人体浮起来。罗斯福来到了这个荒凉的地方,这里只有一家破旧的旅馆、几间小屋,周围连医生也没有。他按自己选定的方法每天在这里进行游泳和日光浴。1个多月里,他双腿获得的力气竟比此前3年的还要多,他的足趾从患病以来第一次有了感觉,这使他恢复健康的信心陡增。

有两名记者在访问过罗斯福后以《游泳恢复健康》为题报道了这个消息。于是,在1925年春暖季节,成群结队的小儿麻痹症患者怀着希望来到这里。罗斯福积极帮助他们安排生活和治疗工作,热心地把自己编的游泳动作教给病人们。到了晚上,病友们围在篝火前联欢,寂静的温泉顿时一片生机。

当一个医学专家小组应罗斯福之邀,对能否把温泉作为脊髓灰质炎疗养所的问题作了详细研究并作了肯定结论之后,一场改造温泉的紧张工作展开了。他用近20万美元买下了包括那个破旧旅馆和其他设施在内的大片土地,为此,他几乎耗尽了个人所有的财产。1927年初,"佐治亚温泉基金会"正式成立,他要迅速使这个地方改观。他在改建房屋、修筑道路、植树造林和旅馆现代化等方面向设计师和建筑师们提供建议,还亲自参与研制新的供水系统、捕鱼场地设施,计划筹建一个包括有舞厅、茶室、野餐和高尔夫球场的俱乐部。他亲自遴选了疗养所医务人员,到年底,疗养所已经对150名患者进行了治疗。

罗斯福此举意义重大。他不仅树立了一个与疾病作斗争的榜样,而且使温泉疗养所"成为一切需要与疾病作斗争的人的希望之象征"。

任何事他只要觉得有奔头,就会一往无前,他的自信、智谋和魄力会使之变为现实。事实上,从事改造温泉的费用很大,而其中绝大部分来自捐助。他当选为总统后,每逢他的生辰,就会有无数的小额捐款单雪花似的飞到温泉,温泉成了罗斯福的第二个家。

随着佐治亚温泉在全国知名度的日益提高,罗斯福的名声又一次响了起来,人们也愈益感觉到它与罗斯福的精神追求和人格特征的一致性。

直通华盛顿
——主宰美国政治命脉的4大家族

正如发达结实的双臂在某种程度上补偿了两腿的残废一样，身体的不便也给罗斯福带来了某种有利之处。过去他难以安安静静地工作——他坐不住，耐心不够，总是东奔西走，因为他精力过剩；如今，他不能活动，只能把全部精力都集中到他所从事的工作上，同时，他也得以摆脱了一部分无谓的应酬和奔忙，完全避免了城市生活中最折磨人的那种神经紧张和许多微不足道的刺激因素。他有充分借口不去做他不想做的事，同时也能采取普通人常常采取的办法——逃避难题。

他大部分时间都呆在室内，这使他在相当程度上弥补了因从前很少读书所可能造成的某些空白或缺陷。埃莉诺负起了选书的重任，并设法请作者到家中来同罗斯福交流思想，罗斯福从谈话中受益不浅。但是他终究未能沉溺于纯学理性的政治哲学中，也没有能够因长期严谨认真地研究社会科学而成为第二个威尔逊。他读了一些传记和历史学的书，但更多的还是游记和探险故事。

此外，生理疾病确实使罗斯福的性格发生了一些心理学意义上的变化。譬如，待人接物方面的傲慢和居高临下已得到明显克服，且显得具有人情味；对事物的专注程度也提高了，而不像以前那样漫无边际地没有一个着重点。

其实，这种历经巨大创痛和打击而不改本色并依然故我的现象已经反映了本质：罗斯福具有普通人所不具备的禀赋和意志。

罗斯福的大儿子詹姆斯在60年代出版的著述中也确信，并非小儿麻痹症造就了罗斯福的性格，而是他的性格使他从苦难中解脱出来。

5.身当艰巨大任而无所畏惧,面对紧急危难而沉着冷静

3月的华盛顿虽已进入早春,但霜风犹厉。1933年3月4日这天早上,罗斯福一家驱车前往圣约翰圣公会教堂参加一次特别礼拜,从格罗顿公学专程赶来的皮博迪博士主持礼拜仪式。在走过了这么长的路,经历了这么多磨砺和苦难之后,此刻的罗斯福心潮难平。凝望着鬓发花白的老校长,耳际蓦然响起格罗顿公学的校训:"为彻底的自由服务。"

这天是星期六,华盛顿乌云低垂、冷雨潇潇。罗斯福和胡佛总统一同驱车前往国会大厦。中午,新总统就职典礼开始。国会大厦的东门外广场聚集着黑压压的人群,约有10万人静静地伫立在阴寒灰暗的天空下。国会大厦上的大钟敲响了正午12点的钟声,富兰克林·德拉诺·罗斯福正式成为美国第32届总统。

罗斯福倚着吉米的臂膀缓缓地出现在国会大厦的东门廊,从铺着红地毯的斜坡走向高高的白色讲坛。他不戴帽子,不穿大衣,黑色长礼服衬得脸色愈显苍白。黑袍白须的最高法院首席大法官休斯主持庄严的宣誓仪式。

罗斯福微仰下巴,神情肃穆,把手放在家传300多年的荷兰版《圣经》上,翻到《新约·保罗达哥林多人前书》第13章,用洪亮的音调一字一句地随着休斯大法官宣读誓词:

即使我能说万人的方言和天使的话语,而没有爱,那也犹如钟鸣钹响,徒有其声。

即使我有先知讲道之能,深通万物奥秘,并使我有全备的信念,力能移山,而没有爱,那我又能算得了什么?

即使我倾囊周济所有穷人,并舍己焚身,而没有爱,那么于事于我仍

将徒劳无补。

宣誓完毕，他转身走向空旷的讲台。冷风掀动了他那手抄的就职演说纸。霎时，平静而坚定的声音清晰地传遍整个广场：

这是一个民族献身的日子。值此我就职之际，我确信同胞们期待着我能以我国当前情势所迫切要求的坦率和果决来发表演说。现在尤其有必要坦白而果敢地讲真话，全部的真实情况。我们不必畏缩，不必躲闪而不敢正视今天的现实。这个伟大的国家将会像从前那样经受住考验，它将复兴起来，繁荣下去。因此，首先让我表明我的坚定信念：我们唯一必须恐惧的就是恐惧本身——会把使我们变退却为前进的努力陷于瘫痪的那种无可名状的、缺乏理性的、毫无根据的恐惧。

充满自信和激情的声音通过无线电广播网传到了全国千百万守坐在收音机旁的人民耳中。新总统以简洁缜密的语言向人民剖析了大萧条中一切苦难的根源：

我们的困难都只是物质方面的：价值萎缩到难以想象的程度；赋税增加了，我们纳税的能力已降低，各级政府的财政收入锐减；交换手段难逃贸易的长河冰封，工业企业尽成枯枝败叶，农产品找不到市场；千万个家庭的多年积蓄毁于一旦；更重要的是，大批失业公民面临严峻的生存问题。……而我们并没有遭到什么蝗虫之灾，大自然的施惠依然未减，人的努力更是使其倍增。我们手头并不匮乏，然而丰足却激发不起来慷慨的用度。这首先是因为掌握人类物品交易的统治者们的顽固和无能。他们被迫承认失败而溜之大吉，贪得无厌的钱商在舆论的法庭上被宣告有罪。

货币兑换商们从我们文化庙堂的高位逃走了。现在我们可以让这庙堂仍然回归古老的真理。……必须中止金融业和商业中的那种使得神圣的委托浑似无情和自私的恶行。然而，复兴并不仅仅要求改变道德观念。这个国家要求的是行动，而且是立即的行动。

黑压压的人群一片寂静,人们在经历了一个漫长冬季的等待后,终于真切地倾听到了新总统所承诺的行动纲领:(1)首要任务是给人民工作。这部分可以由政府直接招雇,像战时紧急状态那样。

(2)其次要更好地利用资源,提高农产品价格和购买力;坚持由联邦和各级地方政府采取行动统一管理救济工作,力避目前的分散、浪费和不均的现象;此外,要把一切形式的交通运输和其他明确属于公用事业的设施置于国家计划和监督之下;必须严格监督一切银行储蓄、信贷和投资,制止利用他人存款进行投机的活动,必须要提供充足而有偿付能力的健全货币。

(3)在对外政策方面,新总统要求美国奉行睦邻政策——尊重自己从而也尊重邻国权利,珍视自己的义务也珍视与所有邻国和全世界各国协议规定的神圣义务。但政府要根据情况的轻重缓急,有重点和顺序地处理事务。他希望正常的行政和立法分权制衡体制足以应付当前面对的重任,然而,史无前例的要求和迅即行动的需要也可能使国家有必要暂时背离正常的程序和轨道。他承诺自己将提出一些应付灾难深重的危机的措施,或采纳由国会提出的类似的明智措施。

新总统的就职仪式简单草率,但就职演说取得了巨大的成功,而且正如就职演说中承诺的那样,罗斯福新政府打破传统,立即采取了行动。

首先是针对金融休克症下的几剂猛药。罗斯福早在就职前夜就指示财政部长威廉·伍丁起草紧急银行法案,并限定他在5天内完成任务。同时,为了稳定民心和保护因挤兑风潮而日益减少的黄金储备,罗斯福于3月5日下午发布了两条总统通令——要求国会于3月9日举行特别会议,宣布全国银行休假4天。

全国银行休假,这是胡佛迟迟不愿也不敢采取的行动。此举虽属不得已而为之的承认现状的防御性措施,但有助于打破整个冬季全国所处的恐慌和紧张状态;它更是一种使人振奋起来并隐约可见希望的婉词,是政府重整财经结构的第一步。

3月9日,国会特别会议在战时危机的气氛中召开,并在几个小时内通过了刚刚赶拟出来的《紧急银行法》。晚上8时半,法案即经总统签署生效。该法案授予总统管制信贷、通货、黄金、白银和外汇交易的紧急权力;为了解决银行货币的欠缺,它委托各联邦储备银行根据各银行资产发行货币,授权复兴金融公司用购买银行优先股票的办法给它们提供流动资金;为了恢复国民对银行的信任,它规定由财政部对全国银行采取逐个审查并颁布许可证的制度,审查合格者方给予重新开业的执照;为保护银行储备和阻止黄金外流,它授予政府以完全控制黄金动向的权力,其中包括对囤积和输出黄金的行为实施严厉惩罚的权力。

为了争取全国人民对这关键的开头两步棋的理解和支持,罗斯福举行了白宫第一次记者招待会。在轻松和谐的家庭气氛中,罗斯福就金融情势、紧急立法计划、金本位、健全的货币和银行担保等问题回答了记者们的提问。此举及其鲜活的风格一改先例,既有助于在政府和新闻界之间架构一条良性的沟通渠道, 也达到了政府通过传媒以稳定民心的功效。

白宫记者招待会自此成为惯列,每周两次,每次记者约120人,在罗斯福当政的12年中, 共举行过998次记者招待会。著名新闻记者约翰·根室回忆说,罗斯福在20分钟里,脸上就"表示了惊讶、好奇、仿佛受惊、真感兴趣、担心、说话故弄玄虚、半吞半吐、同情、决心、开玩笑、尊严以及无与伦比的魅力"。

他的直率和随和让记者们开心甚至陶醉, 而他则借此机会发表新的见解和重大决策,并通过它了解和影响全国的舆论动向,使其朝着有利于政府的方向发展。

随即,财政部依据《紧急银行法》迅速而紧张地采取行动,对全国的银行展开检查和整顿,只有那些经审核并鉴定为健全的银行才有资格重新开业,其余的将依据健全程度对其进行清理、整顿、扶持、关闭或淘汰。与此同时,国家印钞局昼夜加班加点,赶紧印制新钞票,尔后由飞机分运至各州银行。

银行即将重新开业的前夜,白宫一楼外宾接待室的壁炉前,装上了美国三大广播公司的话筒,约有6000万人守在收音机旁收听。他以诚挚亲切的声调、质朴实用的语句对全国人民进行了耐心的解释、劝告和教育。他解释了政府为挽救银行危机而实施的紧急步骤,劝告国民把积蓄送回重新开业的银行,并保证这将比放在自家床褥底下更安全。在谈话的最后部分,他热切而坚定地说:"归根结底,在我们调整金融体制时,有一个因素要比货币更为重要,比黄金更宝贵,这就是人民的信心。执行我们的计划,其成功的要素就是信心和勇气。你们大家一定要有信念,一定不要听信谣言和妄加猜测而惊慌失措,我们要团结起来战胜恐惧。"

寂静的寒夜里,新总统这些平易浅近的贴切话传遍了辽阔国土的千家万户,顿时冰释了长期郁结在人民心中的疑团,以及对现存体制的不信任甚至敌对情绪。次日,在12个设有联邦储备银行的城市里,银行开业了,人们携带着装有黄金和货币的大包小袋排起了长龙。此情此景与不久前发生的一幕幕有着惊人的相似,但那时是基于对银行深深失望的挤兑和提取,现在则是对其恢复信心的储存。

不久,银行存款额超过了提取额,金融恐慌过去了。

罗斯福就任总统后的两周,这个国家就像变了样,一度冷漠和沮丧的美国变得有一种巨大的活动感,人民的精神面貌和对政府的信心发生了实质性的转变。

曾经逼真地刻画出胡佛任内金融崩溃之惨状的艾格尼丝·迈耶说:"人民相信这个政府,恰如他们过去不相信那一个——这就是整个形势的奥妙之处。"

曾经坚决反对罗斯福当总统的沃尔特·李普曼这时也改变了原有立

场,他称赞罗斯福仅用了两周就使民心重振,可以比得上第二次马纳河战役。有个金融寡头甚至请求上帝的宽恕,因为此刻他深悔当初投了胡佛一票。莫利在几年后仍坚持认为:"资本主义在8天内得到了拯救。"全国上下掀起了讴歌罗斯福的热潮,《纽约时报》宣称:"从来没有哪一个总统能在如此短的时间里叫人觉得这样满怀希望。"纽约市小学生中的一次民意测验表明,罗斯福总统最受欢迎,其次才是得票远远低于他的上帝。

英国《观察家》报的评论文章认为:"在此人日后的发展阶段上,世界必将得一领袖。身当艰巨大任而无所畏惧,面对紧急危难而沉着冷静,罗斯福先生业已作出光辉的开端。"

6.罗斯福新政和他的战时经济体制

很多关于罗斯福的传记，都提到了他和他的政府在统制或驾驭战时经济体制方面，显示出了独特、果敢乃至高超的行政管理技巧。

罗斯福利用战时非常时期的情势，利用国会两度授予总统的战时权力法，利用对这种权力法最充分、最宽泛的解释，利用战时行政部门在管理行为上的直接性和近便性，打破了很多美国政治制度发展史上的成文规定或惯例，开创了许多时人闻所未闻的先例，尤其是他那罗斯福风格的管理方式更让人眼花缭乱、叹为观止。

而这一切造成的结果就是：罗斯福建立起来的战时体制及其管理方法不仅有效地决定了战争目标的实现，而且深刻地变革了美国政治制度本身，它们中的许多内容都固化成了战后美国政治生活的一部分。

战时经济体制

战时，罗斯福要处理的事务既多又杂，其中突发性的居多。表面上看，他应对这些事务时杂乱无章，且略显被动。实际上，他不仅重视眼前的细节和具体的战术，并且喜欢凡事从大处着手，高屋建瓴地概括出行动计划的目标。尔后，他就让属下的人绘制精致的组织图表，但它在实施过程中很少发挥参考价值的作用，其重要性也许只在于显示总统对该事务和负责规划的人的重视。他真正感兴趣的是那些雷厉风行、忠实于他并且效率很高的人，而这个人主管的机构则是次要的。

在战时，人们时常抱怨记不住罗斯福那层出不穷的代称各种临时机构的英文缩写字母，这些机构出台的随意性及其职责权限上的含混、重叠或交叉，也时常引起共和党对手的抨击。事实上，这正是罗斯福式的管理方式的有效和高明之处。

罗斯福本来似乎可以不必设那么多管制战时体制和处理战时事务的临时机构,因为依政治传统沿袭下来的华盛顿的那些政府各职能部门及其他常设机构,都有能力或余地担负起这些使命,必要时把它们充实或调整一下就可以了,以前的总统们就是这样做的。但是,罗斯福从来就对固定组织所形成的框架结构不感兴趣,他不愿意过分强调一种严密而规范的行政节制系统,认为这将遏制他所喜爱的那种生机勃勃的局面,并且认为依照机械原则建立的固定组织结构无法适应战时变幻无常的事态,更无法预测和控制未来。相反,富于想象力的试验和灵活的临时机构恰能做到这一点,因为未来是从趋势、可能性、偶发事件和机遇中产生的,它甚至是可以被影响的。

罗斯福侧重于从人而非物的角度来看待行政管理,这就决定了他授权的方式。情况往往是这样进行的:理直气壮地要求国会通过他提出的法令草案,这在战时要比平时容易得多;然后,依照法案的精神给将要设置的临时机构规定一个框架性的职责和权限,随即任命经过他反复筛选、再三斟酌甚至痛苦取舍的人选,来全权负责该机构的工作。至于该机构的具体活动,他一概不管,除非它们同罗斯福的情趣相关或者他极熟悉其业务(譬如海军、船舶方面的)。这时,他刻意展示其特长——对技术性细节的洞悉和枯燥数据的熟识——往往能起到崇敬权威的轰动效应。他敢于放手领导,却从不最终对他们许下诺言。他让他们尽情尽兴地发挥其个性特长,而以高度的自尊保持一种明确的超然态度,与这些事务保持一定的距离(如果需要的话,他又能迅速了解到其中有用的信息)。由于这些机构都直属于总统管辖,他很自然地在就他们中间形成一种领袖的超凡魅力,并且使他们感到只有总统才是所有不断发展着的事态的中心。

罗斯福总是让周围人都知道将有某个机构要设置,而自己则不动声色地开始物色人选。过程中,他对谁都不明确许诺,也尽量掩饰自己的思想过程,而有趣的是,总有几个人认为自己就是当然的候选人。任命总在最后一刻宣布,他乐意较长时间地控制任免权,以此作为增强对总统向心力的工具。

他曾经多次把个性、政见和才能截然不同的人放在一个机构里,或者让他们同做或先后做一件事。如让威廉·努森这个产业界巨子和西德尼·希尔曼这个工会领袖共同领导生产管理局,任务是配合总统推动和控制战时生产。

战时经济体制给美国带来了战时繁荣。自大萧条以来长期难以整治的经济顽症在一一消失,原来国内经济捉襟见肘,现在出现了大量游资。《时代》周刊称:"美国骤然富起来了——似乎全国各地一下子富起来了。"低收入家庭的生活比战前有了明显好转。这种情形与整个欧洲国家相比,简直是天壤之别。

由罗斯福政府创建并控制的战时经济体制使美国名副其实地充当了"民主国家的伟大兵工厂",为第二次世界大战的胜利起到了决定性的前提作用。

罗斯福新政

1929~1933年,美国发生了历史上最深刻的经济危机。危机期间,工业生产退回到20世纪初的水平,全国倒闭的企业在13万家以上,失业人数超过1200万;慢性农业危机进一步深化,农产品价格下降2/3,大量农产品积压,农业货币收入减少3/5;进出口贸易量减少2/5左右,因价格剧跌,进出口总值下降70%;货币信用危机迅速发展,破产银行累计超过1万家,占全国银行的一半。

罗斯福就任总统时,经济危机和阶级矛盾极为尖锐,整个银行信贷体系陷于瘫痪。于是,罗斯福政府大力推行新政,企图缓和经济危机及其严重后果。

新政的主要内容可以用3个"R"来概括,即复兴(Recovery)、救济

(Relief)、改革(Reform)。

新政的主要措施实施结果："应当指出，罗斯福新政措施是总统权力全面扩张，终于逐步建立了以总统为中心的三权分立的新格局。他是总统职权体制化的开拓者。"

(1)罗斯福新政的"新"

第一，新的理论和政策：资本主义经济思想由自由资本主义发展为凯恩斯主义，新政就是对凯恩斯主义的最大规模的实践。

第二，新的特点：即尽量避免采用国有化形式而力图保持资本主义的自由企业制度，政府对经济全面干预，同时采取有利于工人和小生产者的措施，以缓和国内阶级矛盾。

第三，新的起点：新政实际上是对生产关系进行的局部调整，把美国的私人垄断资本主义迅速推向美国式的、非法西斯式的国家垄断资本主义。这正是历史唯物主义理论中上层建筑对经济基础反作用的具体体现。

第四，新的模式：开创了国家干预经济发展的新模式，二战后被一些主要的资本主义国家借鉴和继承，促使二战后资本主义发展出现新变化，进入资本主义发展的"黄金时期"。

(2)主要措施

第一，整顿银行与金融系：下令银行休业整顿，逐步恢复银行的信用，并放弃金本位制，使美元贬值以刺激出口。

第二，复兴工业或称对工业的调整(中心措施)：通过《国家工业复兴法》与蓝鹰行动来防止盲目竞争引起的生产过剩；根据《国家工业复兴法》，给工业企业制定本行业的公平经营规章，确定各企业的生产规模、价格水平、市场分配、工资标准和工作日时数等，以防止出现盲目竞争引起的生产过剩，从而加强了政府对资本主义工业生产的控制与调节。

第三，调整农业政策：给减耕减产的农户发放经济补贴(农民缩减大片耕地,屠宰大批牲畜,由政府付款补贴),提高并稳定农产品价格。

第四,推行"以工代赈"(最重要的一条措施)。

第五,大力兴建公共工程,缓和社会危机和阶级矛盾,增加就业刺激消费和生产。

第六,政府建立社会保障体系,使退休工人可以得到养老金和保险,失业者可以得到保险金,子女年幼的母亲、残疾人可以得到补助。

第七,建立急救救济署,为人民发放救济金。

(3)效果和影响

第一,美国经济回升,失业人数大幅度下降。

第二,资本主义国家对经济的宏观控制和管理得到加强。

第三,美国联邦政府的权力明显增强。

第四,资本主义制度得到调整、巩固与发展。

第五,大胆借鉴社会主义的长处,用改革的方法挽救了资本主义危机,避免了法西斯上台。

第六,新政在美国和世界资本主义发展史上具有重要意义。

第七,开创了国家干预经济的新模式,美国进入国家垄断资本主义时期。

7.破例的三任竞选——责任是罗斯福的立足之本

美国人民在不景气的经济困境和外部世界的纷扰中迎来了不平凡的1940年。在总统职位上已有8个年头的罗斯福肩负重任,忙得不可开交,过度的操劳和焦虑给他的身体带来了损害。1938年以来,他晕倒过好几次,有时一次流感也要过几个星期才能康复,这是年老体衰、抵抗力减弱的征兆。年初的一天,罗斯福对汽车司机工会主席丹·托宾说:"我想回海德公园老家,照顾我的树木和农场。我想写历史。不成,我真的干不了啦。"

看来,罗斯福是真心希望回到赫德逊河畔颐养天年。

但是,罗斯福那颗神秘跳动着的心,任谁也无法准确地把握或预测它的节律和脉搏。他是在什么时候决定不参加第三任竞选,又是在什么时候决定竞选的,对此,一个多世纪以来始终没有一个确凿而可信的说法,人们从各个角度对此进行了估测、推断或猜想,引发了许多与此相关的其他话题。

有一种比较可靠的说法是:如果当时不出现那般急迫而严峻的国际危机,罗斯福就不可能参加竞选,或者即使参加了也选不上。但人们同样可以说,如果没有滔天洪水,诺亚就永远不会想登上亚拉腊山顶。一位伟人曾说:"人生所有的履历都必须排在勇于负责的精神之后。"

政治年轮又转到了1944年,罗斯福清楚地记得4年前自己在克利夫兰的那次演说。这一次,他确实渴望停下来休息。他写信给民主党全国委员会主席罗伯特·汉尼根说:"我的灵魂总在呼唤我回到赫德逊河畔的老家去。"

但是,一份有6000多名炼钢工人签名的请愿书写道:"我们知道您很累,但是我们没有办法,我们不能让您退职。"另一封信更深深地震动了罗斯福的内心:"当前世界忧患重重,请不要把我们撇下不管。上帝将您放在世上这个地方,就是要您做我们的北斗星。"

看着这些信,罗斯福的内心波澜难平:险恶的战争已是曙光在前,但战后国际风云必将诡谲莫测,所有同时代的人都远不及我那般洞悉美国政府或世界政治,军事策略和盟国外交都是我经手操办的,何况那个寄托着威尔逊式的梦想的联合国尚在未定之天,历史将在我身后对我作出怎样的评价呢?罗斯福在致汉尼根的信中说:"假如人民命令我继续担任这项职务,进行这场战争,我就像一个在火线不能离开岗位的士兵一样无权退下来。就我自己来说,我不想再竞选了。"

从某种意义上讲,责任,已经成为罗斯福的立足之本。

尽管责任有时使人厌烦,但不履行责任,你将一无所有。每个人的发展都不是孤立的,他与社会各界有着错综复杂的联系,他需要有家人、朋友、同事,需要有公司的支持、社会的管理……少了哪一方面,他都无法顺利发展。一个有责任感的人会给别人一种信任感,吸引更多的人与他合作。只有当你为别人担当了更多的责任,才能在自己需要帮助的时候,让别人为你担当责任。

在"三巨头"分手的前夜,斯大林在宴会上提议为美国总统的健康干杯。他说,他和丘吉尔在他们各自的国家里,相对说来,下定决心还比较简单。这两个国家都是为它们自身的生存而同希特勒德国作战。这里有第三个人,他的国家未曾遭受侵略的严重威胁,也还没有濒临即时的危险,他就已多半出于对国家利益的更广泛的考虑,成为导致全世界动员起来以反对希特勒的种种手段的主要锻造者。斯大林还动情地谈到,罗斯福总统最突出和关系最重大的成就就是《租借法案》。

而罗斯福在答辞中说:"我们这些领导人在这里的目的,就是要给这个地球上的每个男人、妇女和儿童以安全和幸福的可能。"

罗斯福、丘吉尔和斯大林都面临着共同的对手,严峻的形势促使观念发生变化。三人为建立协调的战斗合作,都从不同侧面并以不同方式进行了不懈的、坚忍不拔的和真诚的努力，虽然彼此也曾疏远和感到失望过，但这种携手使他们比肩而立于浊世恶浪中一直到终局，从而更衬托出他们不愧为非凡时代的历史巨人。

由此可见，责任感很重要。

那么，我们应该如何提高自己的责任感呢？

第一，要明白自己的岗位职责，也就是说必须知道自己该做什么，不该做什么。很多时候，一件事情的完成靠的不是优秀的能力，而是强烈的责任感。做事情的时候只要带着强烈的责任感去做，这件事你就不会做得太差。

第二，要给自己制定工作目标。加强责任心不仅要知道自己该做什么，还要知道自己应该做到什么程度，时刻牢记自己的工作目标，才不至于在工作当中半途而废。

第三，热爱本职工作，培养对本职工作的忠诚度。只有忠于自己的工作，热爱自己的工作，才能对工作又高度的责任感，才能以最大的热情投入到工作当中。假使我们对自己的工作是被动而非主动的，没有热情，不能使工作成为一种责任，而只觉得是一种苦役，那我们这一生一定不会有所成就。

第四，努力从工作中寻找乐趣。即使只能做些乏味的工作，我们也要设法从其中找到乐趣。要知道，凡是必须要做的工作总不可能是完全无兴趣、无意义的，问题在于我们对待工作的精神状态如何、责任心如何。因此，任何情形之下，不要对自己的工作产生厌恶。工作占了我们人生的大部分时间，所以一定要认真地去处理，不能做一日算一日。责任和工作是相辅相成的，责任是压力，也是动力。

第五，不断提高工作热情，加强工作责任心。因为有责任心的人做每一件事都会坚持到底，说到做到，有个交代；有责任心的人一定会按质按量完成工作任务，能主动处理好分内与分外的工作，无论有无人监督，都能主动承担责任而不是推卸责任。工作责任心必不可少，工作中有了责任感，工作自然做得出色。

第三章

安娜·埃莉诺·罗斯福

——不同寻常的第一夫人

美国第32任总统富兰克林·德拉诺·罗斯福的妻子——安娜·埃莉诺·罗斯福是一位不同寻常的第一夫人,她不是以传统的白宫女主人的形象,而是作为杰出的社会活动家、政治家、外交家和作家被载入史册。

1.不平凡的第一夫人

埃莉诺·罗斯福是女性主义者,亦大力提倡保护人权。她做了12年的第一夫人,创了美国历史之最。她是一位不平凡的第一夫人,她的政治和社会活动、独立意识、公开讲话及作家生涯都是其他第一夫人无法相比的(甚至在美国20世纪的妇女中都找不到能与她相比的人)。

在此期间,埃莉诺从本质上改变了白宫女主人的传统形象,成为各种社会活动的积极倡导者、政治活动的热情参与者、丈夫事业的有力支持者和政治合作伙伴。这种现象是前所未有的,并为后来的第一夫人们所效仿。

自从1905年与富兰克林·罗斯福结为夫妻后,埃莉诺就与政治结下了不解之缘。在罗斯福逐渐向政治权力巅峰努力期间,她对政治也产生了兴趣,并开始参与政治活动。对此,她说:"我总是从我应该做些什么这个角度来考虑一切事情,而很少根据我的个人愿望。因此,我对政治产生了兴趣。妻子的义务就是要与她丈夫的兴趣爱好保持一致,不管丈夫喜欢的是政治、书籍或某一种菜肴。"因此,作为一名政治家的妻子,埃莉诺全力支持丈夫的一切活动。1910年,她支持丈夫竞选成功,当选为纽约州达奇斯县的参议员,丈夫的胜利促使埃莉诺与政治的关系日益加深。通过参加更多的政治活动,埃莉诺逐渐学会了正确评价各种各样的人和复杂的社会关系,渐渐懂得了政治是如何真正起作用的。同时,这些活动丰富了埃莉诺的头脑,使她感到了自己存在的价值,促使她更加积极地参与政治活动。1912年,埃莉诺第一次参加民主党全国代表大会,使她对政治有了进一步的认识。同年,罗斯福由于帮助威尔逊竞选成功而被任命为海军助理部长,政治前途一片光明。此时,埃莉诺认为自己更应该助丈夫一臂之力,当好他政治上的助手。

安娜·埃莉诺·罗斯福——不同寻常的第一夫人

表面看来,罗斯福和埃莉诺的婚姻很完美,一个主外——从事政治;一个主内——协助丈夫,夫唱妇随,可谓珠联璧合。但实际上,他们的婚姻出现了问题。

1918年,埃莉诺发现丈夫爱上了一个名叫露茜·佩吉·梅瑟的女人,当时她极为震惊,感到心灰意冷。婚姻出现危机主要是由于他们的性格不同。罗斯福自信、有魅力、社交能力强,而埃莉诺则真诚、正直、讲原则、讲理想。这些品格当初使他们相亲相爱,结合在一起,而如今却蜕变成了他们冲突的根源。但他们都不会为对方改变自己,所以经过十几年的共同生活之后,他们的婚姻出现了裂痕。

露茜事件极大地打击了埃莉诺做妻子的自尊心,她突然对自己的未来感到茫然,她说:"此时此刻,我的整个世界翻了个底朝天,我平生第一次真正地面对自己,面对我周围的一切,面对我的世界。"这个事件使得罗斯福夫妇的亲密夫妻关系从此结束,而被政治上和事业上的合作关系所取代。

对此,他们的儿子吉米·罗斯福评价道:"为了社会地位、孩子和未来,他们同意继续他们的婚姻,不过,是作为事业合作伙伴,而不是丈夫和妻子。"

他们的婚姻继续着,但对埃莉诺来说,这是一条崭新的路,这意味着她得到了某种解脱,再也不用一味地迎合罗斯福的需要了,她可以将宝贵的精力投入到自己所感兴趣的事业之中,而不是局限于丈夫的政治活动范围。

这是埃莉诺初涉政坛的时期。在婚姻危机之前,虽然她已开始参与政治,但她从来没有从中获得满足,而且那时她无法突破一个年轻妻子的传统角色,无法摆脱习惯势力和丈夫对她的约束。但此时,她可以同他建立一种新的不同于以往的伙伴关系,自由地追求新的成功之路。这是一个循序渐进的过程,一个逐渐放弃过去并获得自信的过程,一个逐渐与丈夫建立起平等的政治伙伴关系,同时拥有自己政治事业的过程。

2.一对配合默契的政治伙伴

　　虽然埃莉诺与罗斯福在性格上差别很大，但他们却是一对配合默契的政治伙伴。婚姻危机过后，他们依然在为政治事业奔波。

　　1920年,埃莉诺参加了富兰克林竞选副总统的活动。在竞选中,她在许多问题上显示出了自己独特的敏锐性和缜密的分析能力，她在此期间表现出来的政治才干使舆论界和政界对她刮目相看。天有不测风云,罗斯福在1921年患上了脊髓炎,并一度陷入绝望。对埃莉诺来说,这无疑也是一次严峻的考验。她知道,唯一能让丈夫振作起来的办法就是让他继续留在政坛，因为他是决不会甘心在有生之年过默默无闻的生活的。而且她认为,政治需要的是一个人的头脑、智慧、口才、应变之术、治国之道,身体则在其次。由于丈夫的疾病,埃莉诺的生活发生了明显的变化,在某种程度上,她与他的关系更密切了,先是作为他的护理人,后来又作为他政治上的代言人,代替他到各地参加各种会议和活动。

　　作为民主党的一员,埃莉诺参加了民主党州委员会妇女部的工作,于1922年春天发表了她的第一个政治性演讲。1924年，埃莉诺作为民主党妇女部的负责人参加了艾尔弗雷德·史密斯竞选纽约州州长的活动。她在竞选中表现出来的组织和管理才能给职业政治家们留下了极为深刻的印象,以至于史密斯想借助她的力量为1928年总统竞选助选。这一系列活动的结果,使埃莉诺在丈夫接受民主党纽约州州长提名时,比她丈夫在民主党内更有影响力。对这一段经历,埃莉诺后来回忆说:"我丈夫的疾病迫使我最终要自力更生,这个病使我对于他的、我的和孩子们的生活态度发生了变化。"埃莉诺把1921年到1922年间的那个冬季描绘为对她生命的最严重的考验,她经受住了考验,并逐渐成为政坛上的一颗新星。1928年,罗斯福在埃莉诺的帮助下当选为纽约州州长。从罗斯福瘫痪到当选为纽约州州长的7年里,埃莉诺的政治贡献和出色的组织才能使她成了纽约有重大影响力的政治家之一,她的务实精神在民主党内及妇女政治组织中引起了人们的注意。《纽约时报》对她的影响大肆宣扬,称她是"具有政治头脑和号召力的女人"。

作为州长夫人,一方面,埃莉诺拥有自己的事业;另一方面,她在政治上支持和帮助丈夫。在罗斯福任纽约州州长的4年中,埃莉诺和罗斯福学会了在政治上互相帮助,这接近于两个政治家间的专业合作。1930年,埃莉诺在记者面前公开评论了自己的婚姻,她认为一个妻子要起三种主要作用,即伴侣、母亲和管家人,其中第一种作用最为重要。

她说:"今天,我们知道,一切都取决于妻子与丈夫之间的私人伴侣关系是否融洽。"她强调相互尊敬是一桩美满婚姻的基本要素,同时,一个妇女应该发展她自己的兴趣爱好。根据这一点,自露茜事件之后,埃莉诺与罗斯福之间的政治伙伴关系已成为美国人印象最深的事件之一。到1932年时,埃莉诺已经在她与丈夫的关系方面经历了好几场危机,每一场危机都威胁到她的尊严,但她经受住了这些考验,变得更加坚强、自信,并促使她在政治上取得了更大的成功。这是埃莉诺奋勇登攀的时期。

3.总统夫人的权力给她展示了一个新的更为广阔的用武之地

1932年,富兰克林·罗斯福当选为美国第32任总统,埃莉诺由此成为美国第一夫人。总统夫人的权力给她展示了一个新的更为广阔的用武之地,她要利用第一夫人的特殊地位从事她所信奉的事业,迎接时代的挑战。她说:"人们感到在毫无目的地前进,我们都置身于洪流之中,谁也不知道将在何处上岸。在我看来,重要的是我们对于可能发生的事情所持的态度。我们必须以乐观的精神心甘情愿地承担和大家分担可能出现的不测,勇敢地去迎接未来。"

1933~1945年是美国生死存亡的关键时期,埃莉诺顺应时代的要求,一改传统第一夫人的形象,积极地参与各种政治和社会活动,代替总统履行了许多重要的政治职能,在战胜经济危机和德国法西斯的战争中发挥了重要的作用。

我们可以把埃莉诺这个时期的政治活动分两个阶段,即"新政"时期(1933~1941年)和美国参加二战时期(1941~1945年)。

"新政"时期

1929~1933年的经济大危机使美国经济严重衰退,失业人数剧增,社会动荡不安。为了克服危机,罗斯福上任伊始就宣布实行"新政"。埃莉诺也在寻找自己的工作方式和目标,希望作为第一夫人为美国人民战胜危机贡献力量。从州长官邸搬进白宫,埃莉诺表现出了更多的独立性。她说:"在结婚初期,我的生活模式大部分是我婆婆的模式,后来是由孩子们和罗斯福制成的模式。当最后一个孩子进入寄宿学校以后,我开始做一些我想做的事,用我自己的思想和能力去实现我的目标。"

安娜·埃莉诺·罗斯福——不同寻常的第一夫人

她的目标是什么? 首要的目标当然是支持丈夫当好总统。此外,她也有个人的侧重面,即妇女平等权利、黑人民权、青年问题等。在这些方面,她走在了丈夫的前面,也走在了全国的前面。埃莉诺是她那个时代美国妇女的象征。作为第一夫人,她一直在为美国妇女获得平等的权利而奋斗。在成为第一夫人的第二天,她就先于丈夫召开了自己的记者招待会,而且只允许女记者参加。由此,她也成了第一个利用媒体的总统夫人。埃莉诺要通过这种方式向她那个时代的美国证明,妇女不仅仅只关心家庭问题,她们对一切问题都有自己的观点。在"新政"期间,对于许多社会问题的解决,如青年人失业问题、帮助千百万贫困家庭、缓和种族矛盾等,她的意见和提供的信息都起了重大的作用。

在这期间,埃莉诺和罗斯福的政治伙伴关系不断加强,他们讨论共同关心的政治问题,探讨国家局势,交换对于立法和行政问题的意见,谈论政治和道德价值等。这既是他们共同的事业,同时也成了他们夫妻恩爱的源泉。

对此,迈拉·G·古廷写道:"埃莉诺·罗斯福对总统决策的影响比她前面的任何一位第一夫人都要大。她属于她丈夫的政府,并经常作为他的良心在发挥作用,特别是涉及'新政'的时候。"到1940年时,埃莉诺已当了8年的第一夫人。在这8年中,她每天早上从6点钟起床一直工作到深夜,为社会事业尽职尽责地操劳,成为丈夫最重要的助手和合作伙伴。她知道她的工作受到了成千上万人的尊重,而最关键的是受到了罗斯福的尊重。

在1940年的总统竞选中,埃莉诺比以往任何时候都更深地卷入了政治中。由于国际局势的影响,罗斯福史无前例地参加了第三届总统竞选。迫于当时的国际形势,罗斯福很容易获得了提名,但是许多代表反对他挑选的竞选伙伴亨利·华莱士。由于种种原因,罗斯福不能亲自去会场向代表们做说服工作,于是,埃莉诺被请去代表他讲话。总统候选人的妻子在全国代表大会上发表讲话在历史上还是第一次。埃莉诺督促代表们将所有的个人利益融化于国家利益之中,她在会上说:"你们不能把这次提名看作平常时期的平常提名。今天,美国人民必须意识到我们正在面临着一个极其严峻的局势。""未来的4年对总统来说将是困难的,因此他需要一个他所信赖的、能协助他工作的人。这个人就是华莱士。"她的讲话扭转了大会的局势,最后华莱士获得了提名。

埃莉诺在罗斯福的第三次竞选中发挥了关键性的作用,甚至有人认为,如果没有埃莉诺的帮助,罗斯福能否打破美国175年的历史传统还得另当别论。

二战时期

在二战期间,作为一个母亲和第一夫人,埃莉诺一方面把4个儿子全部送到海外作战,另一方面鼎立协助总统,带领全国各阶层人民投入到反法西斯战争中。在战争期间,埃莉诺继续坚持"新政",认为美国不能因为战争而放弃"新政",因为"新政"也是一场战争,一场针对经济萧条的战争。她依旧在为妇女的利益四处奔波,提倡妇女走出家门,走进工厂,支援战争,号召妇女参政,提高妇女的社会地位。为此,埃莉诺督促建立特别的社会服务机构,以减轻在职母亲们的负担,同时要求公司坚决执行战争劳工委员会及"同工同酬"的新政策。

在捍卫并支持妇女进入工厂劳动的运动中,埃莉诺远远地走在了时代的前面。在战争期间,埃莉诺担任了公民权益保护办公室副主任这一官方职务,这是有史以来美国第一夫人第一次担任官方职务。埃莉诺认为公民权益保护不仅意味着要管理防护掩体和医院,还要照料私人房屋、幼儿园和休假设施以及强化社会道德。但她的这种观点遭到了保守人士的批评。迫于各方的压力,她提出了辞职。对此,她说:"我认识到,像我这样的人在政府中工作是很不明智的。"在这之后,埃莉诺参加了推动美国向欧洲难民儿童开放门户的运动,同时又致力于接收逃往美国的难民,尤其是犹太难民。1941年,由于日本偷袭珍珠港,美国的西海岸掀起了反美籍日侨的浪潮。为了遏制这种浪潮,埃莉诺劝告人们不要对无辜的市民进行无端的怀疑,而应该保护公民自由。埃莉诺还一直致力于消除军队中的种族歧视。

在战争期间,为民主与和平而战的美国黑人士兵,在军队中却因为种族原因受到不公正的待遇。埃莉诺认为民权,尤其是美国黑人的权力是美国民主的试金石,如果没有美国黑人的民主,那美国就不存在真正的民主,所以她不断地对美国陆海军的官员们施加压力,推动消除军队中的种族歧视现象。在战争期间,陆海军的种族政策发生了很大的变化,战争结束时,只需迈出重要的一步,就可以确保黑人士兵的真正平等。这重要的一步终于在1948年实现了,杜鲁门总统颁布了9981号行政命令,结束了军队中的种族隔离。对此,埃莉诺的功绩是不可磨灭的。

战争期间,埃莉诺在外交领域也发挥了重要作用。罗斯福虽然身为三军统帅,但由于身体的残疾,不能经常外出,所以,埃莉诺便经常代替他出访。例如,1942年,她访问了英国,看望了在那里作战的美国盟军。这次访问非常成功,记者查莫斯·罗伯兹撰文说:"与其他曾经访问英国的美国人相比,罗斯福夫人给英国人民带来了更多真正的理解精神。"1943年,埃莉诺看望了在南太平洋作战的美国士兵,并且访问了美国的盟国澳大利亚和新西兰。她的个性在这次旅行中得到了最为感人的反映。作为一位老练的政治家,她的魅力征服了记者、士兵、议员、主妇、农民和工厂的工人们,她对美好世界的描绘唤起了人们的憧憬。1944年,她又视察了位于加勒比海和中美洲的美国基地。埃莉诺的出访极大地提高了军队的士气,她也赢得了官兵们的尊重和爱戴。

《阿克兰明星报》称赞她"为美国人民和世界人民过上更好的生活而献身。全世界没有比她更知名的女性,包括所有的最富魅力的电影女明星"。这是埃莉诺政治生涯的巅峰期。总统夫人这一职位为她提供了广阔的活动空间,她也充分行使了这一职能,取得了前所未有的政治成就。埃莉诺是一个敢于标新立异的人,在所有的第一夫人中,她是第一个定期举行记者招待会、每日为报刊专栏写文章、出版了数部专著、在全国进行巡回演讲、主持在白宫召开的全国性会议、向各社会改革组织全国大会演讲、在民主党的总统会议上作中心发言、在国外代表她的国家穿越战场的第一夫人。总之,这一时期由于国内外的因素,埃莉诺的生活完全围绕着政治和社会活动打转。

4.继续为罗斯福和自己的共同理想而奋斗

1945年4月12日,富兰克林·罗斯福去世了,埃莉诺也由此结束了第一夫人的生涯。失去丈夫的埃莉诺感到孤独无助,尽管他们表面上不像其他夫妻那样恩爱,但他的生命是她在过去40年中的主要力量源泉,是她精神上的支柱。他们组成了奇特的一对,她是鼓动家,他是政治家,他们被不可分割的纽带联系在一起,而且互相汲取力量。

他们的儿子吉米·罗斯福对此评价道:"真实的情况是他们之间存在着深沉而又不可动摇的感情和柔情蜜意。"埃莉诺经受住了失去丈夫的打击,此时她已原谅了他,她说:"所有的人都有缺点,所有的人都有需要、爱好和难处。多年来生活在一起的男女们开始了解到对方的缺点,但是他们也开始知道和他们一起生活的人身上和他们自己身上哪些是值得尊敬和敬佩的。"

离开白宫并不意味着政治活动的结束,埃莉诺要继续为罗斯福和自己的共同理想而奋斗。她说:"人类灵魂的搏击极富意义,其目的是在精神上达到尽善尽美的境地,并为了个人的利益和所有世界上那些共同苦干的人们的利益奉献无私的爱。"1945年的春天对埃莉诺来说是一个新的起点,她开始更加广泛地参加各种政治活动,并重新开始她的工作——写每日专栏、旅行以及回复她丈夫去世后各地寄来的信件。在以后将近20年的时间里,她依然是美国公众生活中的一个重要人物。

埃莉诺比丈夫多活了17年,在这期间,她的政治活动非常频繁,也取得了巨大的成就。她发表了许多文章,关注年轻人和亟待解决的少数民族问题。1945年12月,杜鲁门总统任命她担任美国驻联合国代表团团长和联合国人权委员会主席。在此期间,她参与了《世界人权宣言》的主持起草工作,这个历史文件获得了全世界人民的好评。此外,她还进行了大量的旅行,去印度、日本、摩洛哥等许多国家进行友好访问。她是有色人种国际联盟组织的成员,这个组织反对歧视黑人,支持有色人种。她还帮助成立了有自由民主人士参加的"美国民主行动"组织。1952年和1956年,她积极支持民主党总统候选人阿德莱·史蒂文森竞选。1957年,她去苏联与赫鲁晓夫会谈,在雅尔塔赫鲁晓夫的别墅里,他们探讨了资本主义和社会主义的价值观。1960年9月,她去华沙参加了在那里举行的第15届联合国下属机构世界大会。在大会期间,她访问了克拉科夫,在赛伊姆举行了记者招待会,在波兰国际事务大学参加了讨论,并会见了波兰外交部长亚当·拉帕奇。1961年,肯尼迪总统又任命她担任美国驻联合国代表团团长,同时,她还被任命为和平团体的负责人和妇女权利委员会主席。

这是埃莉诺在政治上再创辉煌的时期。此时的她不再是美国的第一夫人,而是一个独立的政治活动家,这使她白宫后的生涯产生了无与伦比的影响。

在埃莉诺生命的最后两年里,她的身体饱受痛苦的折磨,但她的工作热情却没有消减,她一面与白血病作斗争,一面为种族平等、世界和平与妇女权益大声疾呼。

埃莉诺一直为民众工作到生命的最后一刻,最终于1962年11月7日因白血病逝世,时年78岁。对埃莉诺逝世的消息,《纽约时报》加了这样一个标题——《她是世界妇女新角色的象征》。作家阿莱德·史蒂文森写道:"她面对黑暗总是点起明灯,而不是加以诅咒,她的热情温暖了全世界。"埃莉诺虽然逝世了,但她作为20世纪全美甚至全世界著名的女政治家之一,作为《世界人权宣言》的主要起草者,将永远被世人所敬仰和怀念。

延伸阅读：美国的第一夫人们

美国总统的夫人作为公众人物，一举一动都引人注目。她们与普通人没有什么区别，只是更受人关注，正如她们中的一位曾经说的那样：在鱼缸中生活4年或者8年。

1920年8月18日，美国宪法第19号修正案正式生效，赋予了妇女选举权，美国第一夫人的作用因此变得日益重要。随着大众传媒业（尤其是电视）的发展，第一夫人更是像明星一样受人瞩目。从此之后，无论是否得到人们的喜爱，第一夫人们都构成了美国政治体系和选举机器中不可或缺的一部分。

黯淡登场

很少还能有人想起玛莎·丹德里奇·卡斯蒂斯。她是美国首任总统乔治·华盛顿的夫人，但从来没人称她为第一夫人。这不仅是因为时间的迷雾蒙上了人们的眼睛，也是因为她的后来者———光彩照人、雍容华贵的当代第一夫人们在更大程度上吸引了人们的眼球。当身家富有、带着两个孩子的寡妇卡斯蒂斯与华盛顿结婚的时候，华盛顿还默默无闻，他们在婚后也没有生育子女。

妇女先驱

1955年，白宫的几名工作人员说总统官邸有鬼魂，并说几个鬼魂中有艾比盖尔·亚当斯——美国第二任总统约翰·亚当斯的夫人。亚当斯是首位在华盛顿执政并入住白宫的总统，而艾比盖尔可能是参加美国独立战争的第一位女性。当亚当斯起草《独立宣言》的时候，艾比盖尔给他写了一封足以让她名垂青史的信，信中写道："在新法律中，我希望你们能考虑妇女的利益，你们应该比你们的先辈更能理解女性……如果你们不能给予妇女特别的关注，我们将发动一次革命，因为我们不会遵守不倾听女性的声音、不代表女性利益的法律。"但她的呼吁并没有起到作用。

痛苦记录

玛莎·韦莱斯·谢尔顿21岁守寡，22岁时再婚嫁给托马斯·杰斐逊，成为第三位美国第一夫人。但这个头衔她几乎没来得及享受,就于1882年因生第二个女儿难产而去世了。正当盛年的杰斐逊无法承受丧妻之痛,同时他还有两个女儿需要照料。后来,他得到了一个名叫萨莉·亨明斯的年轻女黑奴的照顾。据说,亨明斯是谢尔顿的私生姐妹,她后来成了杰斐逊的情人,并为他生育了几个儿女。

生不逢时

詹姆斯·麦迪逊担任总统时,他的夫人多利·佩恩·托德曾以其优雅的风度和美丽的容貌而为人所知。麦迪逊是第一个向欧洲国家宣战却输掉战争的美国总统。1812年,英国军队占领华盛顿并向白宫、国会山和政府其他机构开火,麦迪逊不得不携夫人逃离首都。

干涉白宫

据说美国历史上对丈夫以及美国政治影响最大的第一夫人是伊迪丝·博林,她是伍德罗·威尔逊总统的第二任夫人,同时也是威尔逊最得力的参谋,为他出谋划策,甚至篡夺他的权力。据说,在第一次世界大战期间,美国许多非常重要决策的制定都有博林的参与,她还陪同威尔逊到欧洲参加《凡尔赛和约》的谈判。美国媒体曾多次批评威尔逊总统给予他妻子如此多的权力。据说,美国国会出于报复,没有批准威尔逊提出的加入国际联盟的请求。

威尔逊突发心肌梗塞后丧失了语言能力,但博林要求保守秘密,甚至连副总统都不知道总统的健康状况。之后,博林则以威尔逊的名义下令,要求将需要总统处理的事务送到她手中。据当时的副总统马歇尔和政府秘书回忆,在那段时间,所有的决策都是第一夫人作出的。博林被称作"篡权者",她的最后一次官方活动是参加约翰·肯尼迪的就职典礼。

悲剧人物

富兰克林·皮尔斯总统的妻子简·皮尔斯在得知丈夫要竞选总统时感到非常紧张,她请求富兰克林不要把她带到华盛顿去。但富兰克林没有听从,结果发生了一场悲剧。在前往华盛顿的路上,他们最小的儿子死于车轮之下。皮尔斯的余生都是身穿丧服度过的。

光辉形象

美国历任第一夫人中的"皇后"是埃莉诺·罗斯福———富兰克林·罗斯福总统的妻子。埃莉诺共当了4个"任期"的第一夫人。正是埃莉诺赋予了"第一夫人"这个词汇真正光彩照人的含义，使得第一夫人成了美国政治体系中一个重要的组成部分。

第一母亲

迄今为止，美国历史上有两位女性既当过第一夫人，又当过总统母亲。艾比盖尔·亚当斯———她是约翰·亚当斯总统的夫人，又是约翰·昆西·亚当斯总统的母亲。芭芭拉·布什———她是乔治·布什的夫人，儿子乔治·W·布什也当上了总统。

同一命运

特尔玛·凯瑟琳·瑞安1940年嫁给理查德·尼克松后，从寒酸的打字老师转变为第一夫人，来到世人面前。后来，尼克松因丑闻被迫辞职，瑞安也失业了。尼克松辞职后，副总统杰拉尔德·福特成为总统，他的妻子伊丽莎白·沃伦成为了第一夫人。她没有经过大选的洗礼就一举成为了全国的"第一女性"，但福特此后再也没有当选过副总统或总统。

自我牺牲

在遭到影迷的批评之后，罗纳德·里根的妻子南希·戴维斯在里根患病的10年间没有参加任何公众活动。她与里根是50年前同为演员时相识的。南希是美国第40位第一夫人，也是首位担任这一角色的好莱坞演员。

经历战争

埃莉诺·罗斯福，富兰克林·罗斯福总统的夫人，罗斯福领导美国参加了第二次世界大战；玛丽·杜德，艾森豪威尔总统的夫人，艾森豪威尔是二战期间的盟军司令；伊丽莎白·弗吉尼娅·华莱士，杜鲁门总统的夫人，后者在二战后期和朝鲜战争时期担任总统；克劳迪娅·泰勒，她的丈夫林登·约翰逊将越南战争升级。

直通华盛顿
——主宰美国政治命脉的4大家族

丧夫之痛

有4位美国总统在任期间遇刺身亡,他们的夫人悲恸欲绝:林肯总统的夫人玛丽·安·托德、詹姆斯·加菲尔德总统的夫人卢克雷西亚·加菲尔德、威廉·麦金利总统的夫人艾达·萨克斯顿、约翰·肯尼迪总统的夫人杰奎琳·布维尔。

还有4位第一夫人因丈夫在任期间去世而守寡:威廉·哈里森总统的夫人安娜·西姆斯、扎卡里·泰勒总统的夫人玛格丽特·泰勒、沃伦·哈丁总统的夫人弗洛伦丝·沃尔夫、富兰克林·罗斯福总统的夫人埃莉诺·罗斯福。

新女强人

克林顿总统的夫人希拉里·罗德姆为丈夫入主白宫立下了汗马功劳。希拉里不甘心生活在丈夫的影子下,她成功地从中走了出来,成为美国历史上最受欢迎的第一夫人。她也是唯一有魄力角逐总统宝座的第一夫人。希拉里毕业于耶鲁大学,她因受聘参与调查尼克松总统丑闻事件而步入政坛。克林顿当选总统时,希拉里还在阿肯色的大学里教书,她是第一位既是总统妻子,本身又是成功人士的第一夫人。

并非"夫人"

美国的第一夫人并不全都是总统的夫人。例如第15任总统詹姆斯·布坎南就是一位顽固的独身主义者,他一生未婚,他的"第一夫人"是他的侄女哈丽雅特·莱恩。安德鲁·杰克逊总统执政期间有两位"第一夫人",埃米莉·多纳尔森和萨拉·约克,她们分别是他的侄女和儿媳妇。

温馨内助

劳拉·布什31岁时认识了他的丈夫乔治·W·布什,他们首次接触3个月后就结婚了。劳拉曾当过老师和图书管理员,她的爱好是读书。与纷乱的政治相比,劳拉更喜欢家庭的温馨,女儿对她来说最为重要。劳拉一般不会和布什谈论与工作有关的事情,从不给他提什么建议,从不批评布什作出的决定,也从不在公众面前谈论家事。劳拉喜欢平凡,宁愿被看作一名普通妇女。

第四卷

布什家族

——主宰美国的豪门世家

二零零五年一月二十日，乔治·W·布什宣誓连任美国总统。非同寻常的是，这是布什家族第五次在白宫宣誓（老布什两次当选副总统，一次当选总统；布什两次当选总统）。

在这五次宣誓的背后，升腾起了一个主宰美国的家族——布什家族。他和父亲老布什成为了继亚当斯父子后，美国又一对『父子总统』，能够连任更是史无前例。现在提及布什家族，美国媒体和公众都会不约而同地使用同一个词——布什王朝。

第一章

人丁兴旺的美国第一家族

——布什家族

　　布什家族是美国历史上的一个传奇，它培养了两位总统、多位议员和州长。每一个布什家孩子的成长，都被贴上了与众不同的标签，他们似乎生来就有一种使命感。

1.布什王朝的巨大磁场

2005年1月20日,乔治·W·布什宣誓连任美国总统,他和父亲老布什成为继亚当斯父子后,美国又一对"父子总统"。

在美国众多的豪门世家中,能跟布什家族相媲美的只有肯尼迪家族。相比肯尼迪家族男性成员命运多舛、人丁衰落,人丁兴旺的布什家族显然强势得多。

"金钱是政治的母乳",布什家族的政治成就自然离不开他们家厚厚的钱袋子。但因为家族的政治名声太大,现在已经无人有兴趣或认为有必要去搞清楚布什家族究竟有多少钱了。人们只需设想一下,布什的曾祖父是制造业大亨,布什的祖母出身于金融巨头之家,布什家族的产业遍及石油、银行、军工企业乃至体育项目,就可以为布什家族的财富规模勾勒出一个大概的轮廓。

对布什家族的内部运作方式,美国人常用"氏族"来形容。布什家族连续四代,特别是三代长子,均以扩充家族影响为己任,颇有"舍小我为大家"的味道。

塞缪尔·布什——布什家族的缔造者

自20世纪50年代至今不过60余年的时间里,布什家族"占领"了国会议员、中央情报局局长、副总统、总统、州长等多个高层职位。

布什王朝的发端应追溯至布什的曾祖父塞缪尔·布什。塞缪尔生于美国中西部俄亥俄州首府哥伦布市,该地以民风保守著称,这也使布什家族从一开始就带着正统色彩。塞缪尔最初经营钢铁制造业,不久就以敏锐的眼光发现了石油业的光明前景,迅速与洛克菲勒家族旗下的公司建立了合作关系,从此发展起来。一战结束后,塞缪尔与华尔街金融大亨沃克结成莫逆之交。1921年8月,塞缪尔的儿子普雷斯科特与沃克的女儿多萝西结婚,这次联姻堪称布什家族史上的里程碑。沃克全名乔治·赫伯特·沃克,两代总统中,老布什全名乔治·赫伯特·沃克·布什,布什全名乔治·沃克·布什,单从这一细节,就可看出沃克对布什家族的意义。

普雷斯科特聪慧过人,婚后不久,岳父就放心地交给他一家投资公司。以此为基础,二战爆发后,普雷斯科特设法介入军工业,布什家族的财富迅速扩张。金钱滋养了普雷斯科特的政治雄心,也让他与艾森豪威尔总统建立了私交,他开始竞选联邦参议员。几经挫折后,他终于在1950年梦想成真。

布什家族第五代

布什家族第五代中,最耀眼的当属小布什的侄子乔治·普雷斯科特·布什,他的父亲是小布什的弟弟,曾任佛罗里达州州长杰布·布什。"小小布"的长相酷似拉丁歌王瑞奇·马丁,早在2000年共和党大会上,他的双语演讲就赢得了大批年轻选民的崇拜,人们将他视作布什家族的"政治传人",并将他与约翰·肯尼迪之子小肯尼迪相提并论。

从孩提时候起,乔治·普雷斯科特·布什就一直处于祖辈和父辈政治竞选的环境中。他曾说自己最深刻的记忆就是站在一个"布什竞选总统"的广告气球旁,那时的他才4岁,是他爷爷老布什首次竞选总统。在爷爷那次失败的总统竞选中,他也似乎领悟到了政治舞台上的一丝得失成败的味道。1994年,他和家人一同经历了父亲杰布竞选佛罗里达州州长失利后的挫败感。随后,为了支持大伯布什的总统竞选,他连续参加了一系列布什的总统竞选活动,凭借自身一半的拉美血统为布什争取拉丁族裔选民的选票。

乔治·普雷斯科特·布什曾担任美国共和党全国代表大会青年代表的主席,如今是一名成功的地产商。他曾经野心勃勃地宣称:有一天,他也要像祖父、父亲和伯父那样走上美国政坛!

比起兄长普雷斯科特,诺埃尔·布什给家族制造了不少麻烦,让布什家族伤透了脑筋。她先是在佛罗里达州因使用假处方骗取禁药被警方逮捕,导致被送进奥兰多市戒毒康复中心接受治疗;之后不久又被警方以"藐视法庭罪"逮捕,原因是她所在的戒毒所的一名工作人员发现她在戒毒期间偷偷服用一些处方药。

劳伦·布什是小布什的弟弟尼尔·布什的女儿,是小布什兄弟三人的子女中最出名的一个。她很早就以美貌和智慧而闻名。小布什当选为总统之后,劳伦更是在一夜之间声名鹊起。做过模特经纪公司的签约模特的她,甚至还跟英国的威廉王子传出过绯闻。

布什家族的核心人物是老布什

当然,布什家族中不是没有叛逆者,但结果不是被家族边缘化,就是"迷途知返",小布什就是活生生的例子。他从一个青春期的叛逆者改正之后所走的人生道路和父亲的生活轨迹没多大差别:上耶鲁,经商挣钱,从政,直至当上总统。

布什家族的核心人物是老布什。美国人认为,小布什是在父亲的荫蔽下成长的。布什当年当选得克萨斯州州长,不少人说是选民看了他父亲的面子。如果说老布什是家族核心,那么芭芭拉就是家族的灵魂。芭芭拉对外以慈祥老祖母的形象示人,为家族赢得了众多人心;对内则执掌大权,将儿孙调教得服服帖帖。布什当上总统后,照样要按老妈的规矩早上起来全家一起喝咖啡,有时甚至要挨老妈的训。

美国宾州罗文斯坦学院的一项研究表明,小布什的智商指数为91,仅为前任克林顿(182)的一半,是过去50年来美国总统中最低的一个;老布什只比他略高,为98。在过去半个世纪内的12位美国总统中,只有布什父子智商在100以下。克林顿是智商最高的总统,接下来依次是卡特的175和肯尼迪的174。

2.小布什四兄弟发家史——暴富靠"贵人"

众所周知,美国总统布什和他的三个弟弟杰布、尼尔、马文个个都是百万富翁,布什的私人财富更高达数千万美元。然而,他们的巨额财富却并不是从曾跟纳粹做生意的祖父普雷斯科特·布什那儿继承下来的。布什兄弟四个为何能够个个暴富?他们的"运气"为什么会好得让人眼红?

在美国这个从建国开始就与封建王朝绝缘的国家,布什家族却被冠以"王朝"的称号,可见其影响之大。而布什家族的政治成就离不开他们雄厚的财富资本的哺乳。

有报道称,早在20世纪70年代,老布什就向4个孩子灌输如何成为富人和强权者的理念———据报道,他曾用清楚的嗓音教导孩子们"不要怕冒险","要有能力影响他人",然后又用低哑的声音说:"如果你们将事情搞糟了,不用怕,到时会有贵人出现。"

大哥布什——5万美元折腾成1500万

在父亲的教导下,1977年,梦想成为"富人"的小布什用5万美元的启动资金开办了自己的第一家石油公司——阿布斯托能源公司,但却连石油沫子也没找到。1984年,在一些"贵人"的安排下,一家叫做"光谱七"的石油勘探公司心甘情愿地买下了布什"垃圾股"般的石油公司。随后,"光谱七"公司又被"哈肯能源"收购,于是,布什不仅名列"哈肯能源"股东委员会,还拥有了价值53万美元的股票。

1990年,正当老布什任美国总统期间,布什突然卖掉了"哈肯能源"的所有股票,获利近85万美元。两个月后,伊拉克入侵科威特,石油市场混乱一片,"哈肯能源"的股票狂跌,而布什却由于提前抽身而毫无损失。美国证券交易委员会后来对布什是否不正当地获得"内部消息"进行了调查,但最终不了了之。值得注意的是,当时的美国证券交易委员会主席正是老布什的前助手理查德·布里登。

1989年,布什游说父亲的老友以8600万美元买下了得克萨斯"游骑兵棒球队",布什自己也投资了60万美元,尽管他的股份只占区区1.8%,但他却被指定为该棒球队的管理者。据悉,"游骑兵棒球队"的最大股东其实是威廉·德威特和默瑟·莱诺德斯,他们都是老布什的铁杆支持者。布什后来卖掉了"游骑兵棒球队",这次买卖让他的身家达到了1500万美元。

朋友们说,当小布什下定决心干什么事之后,他会显出无比的精力与巨大的热情。他的弟弟马文说:"他总是拥有一股令人惊讶的无穷精力。但现在,我想,他学会了如何以一种积极的方式使用他的精力。"

小布什自己也认为,投资经营棒球队是他个人生活中的一次巨大成功。他说:"我解决了我在得州的最大的政治问题。那是毫无疑问的,我知道这一点。我的问题是,'这小子曾干出过什么名堂?'为了让人们承认我,我必须干出一番大事业。因为我父亲的缘故,我的名字是很响亮的。它的好处是,每个人都知道我是谁;坏处是,不论我干出的成就有多大,没有人会认为这是我的功劳。"

经过几年的艰苦奋斗与不懈的努力,小布什终于得到了孤星之州人民的承认。以前,他人生的每个阶段都笼罩在父亲的阴影之下,他的努力很少得到人们的重视与认可。只有他投资经营的棒球事务,是他最得意、最有成就并得到人们承认的事业,而且成为了他通向政治、竞选公职的一块跳板。

老二杰布——白得40%公司股份

杰布·布什的事业是从搞房地产开始的,他也遇到了自己的贵人——迈阿密房地产商阿曼多·科迪纳,科迪纳正是老布什的捐资人和支持者。杰布和他合开了一家"科迪纳·布什房地产公司",尽管一分钱没出,杰布仍凭空获得了该公司40%的股份以及各种投资收益。1994年,杰布竞选佛罗里达州州长败给劳顿·切利斯后,科迪纳再次欢迎杰布回到科迪纳·布什房地产公司。1997年,该公司让杰布赚了240万美元。

1988年,老布什成为美国总统后,杰布和共和党捐资人戴维·艾勒合伙到非洲做水泵生意。有报道称,杰布到尼日利亚后,许诺他的父亲会增加对发展中国家的援助。此外,杰布还劝说美国进出口银行贷给尼日利亚7400万美元,好让该国有能力来购买水泵。最终,尼日利亚人花大钱买下了杰布的水泵,直到今天,尼日利亚仍未还清借款。

老三尼尔——亏了1.32亿,只罚5万

在四兄弟中, 老三尼尔也许算是最不顺利的一个——20世纪80年代中期,尼尔只投资了区区几百美元,就和朋友合开了一家"JNB石油勘探公司",自己充当公司总裁。当时尼尔还担任着丹佛市西尔维拉多储蓄借贷银行的主任职务。该银行将超过1亿美元的资金借给了JNB石油勘探公司进行石油开发,由于生意失败,石油勘探公司无法偿还1.32亿美元的借款,导致西尔维拉多储蓄借贷银行破产倒闭,投资人损失惨重。但作为相关责任人的尼尔甚至连警察局都没进,只是被象征性地罚了5万美元。

1989年,尼尔抛弃了债务累累的JNB石油勘探公司,借贷230万美元开办了一家"顶点能源公司",尼尔同样只是私人投资了3000美元,就成了公司管理者。像JNB石油勘探公司一样,顶点能源公司很快也破了产,无法偿还银行的债务。这时,"贵人"再次出现,一名老布什的主要捐资者及时向尼尔提供了一份薪酬丰厚的新工作。

老四马文——靠"伊拉克战争"发横财

四弟马文很少抛头露面,作风低调的他可以说是一个"闷声发大财"的典型。1998年,"一无所有"的马文不仅被任命为一家北弗吉尼亚投资公司——"温斯顿合伙人集团"的经理,同时还被选入一家南佛罗里达的蔬菜水果公司管理委员会。据报道,这家蔬菜水果公司的管理委员会中

全是布什家族的朋友,其中包括休斯顿HCC财产保险公司总裁、老布什的主要资金赞助者斯蒂芬·威。1999年,斯蒂芬·威邀请马文加入HCC的管理委员会,马文凭空获得了HCC公司12500股普通股票。接着,马文又被邀请加入弗吉尼亚州一家安全公司的委员会,这是一家专门为国际组织和政府服务的安全公司。

而当伊拉克萨达姆政权被推翻后,"温斯顿合伙人集团"下属的诺尔公司获得了8000万美元的伊拉克投资合同。2004年1月,诺尔公司再次接到一笔价值3.27亿美元的美国国防部合同,为美军驻伊武装人员和文职人员提供军事装备。然而,由于诺尔公司此前根本就没有为武装人员提供军事设备的经验,导致这一合同最后被重新竞标,不过,马文所在的"温斯顿合伙人集团"还是从中赚到了钱。

3.每一个布什家的孩子生来就有一种使命感

布什家族是美国历史上的一个传奇,它培养了两位总统、多位议员和州长。每一个布什家孩子的成长,都被贴上了与众不同的标签,似乎他们生来就有一种使命感。

高度政治化的童年

老布什与妻子芭芭拉孕育了一个人丁兴旺的家庭,他们有6个孩子——乔治、杰布(前佛罗里达州州长、共和党的"潜力股")、罗宾(夭折)、尼尔(石油商人)、马文(财团顾问),以及小女儿多萝西(主妇)。

"我们家庭成员间关系很好,相互扶持走过这么多年,真的不容易。"尼尔对记者说。来自如此一个政治望族,帮父亲竞选难以避免地占据了他们童年的大部分记忆。

实际上,老布什踏上政治之路,就是在孩子们的帮助下实现的。

1962年,老布什决定从石油生意中抽身,竞选得州西部县城哈里斯的共和党主席职务。于是,几个儿子手工印刷了一份《社区时事通讯》,在选区中派发,为父亲造势。10岁的杰布是主编,8岁的尼尔和6岁的马文当记者。"布什先生正在竞选共和党主席,他恳请大家给他投票。"他们写道。

两年后,老布什准备向得州参议员席位发起冲击。像大多数政客一样,家庭是他竞选的天然宣传工具。他们在得州哈里斯县的家里出现了一头象——真的小象,5个孩子被并排抱到象背上拍照。几个幼子根本不知道共和党是什么,更不知道象就是它的标志(民主党是驴)。孩子们只想快点下来,因为小象的毛太扎屁股了。

作为政客的子女,孩子们要时刻回避"与众不同"的尴尬。在老布什任驻联合国大使期间,多萝西曾执意让司机把豪华轿车停在一个街区以外，然后步行上学。当时的她还不能像其他大使子女那样，坦然接受父辈带来的荣耀。

不过，父亲没时间跟孩子们讨论这些。像自己的父亲普雷斯科特一样，他忙于生意和政治，几乎无暇过问孩子们的成长。

长子乔治险些成为他最失望的一个孩子。他在油田长大，有着得州个性，最讨厌英语课，仿佛生命中没有什么比棒球更重要。总之，他尽量表现得不像一个政客的孩子那样彬彬有礼。

老布什在给母亲的信中说道："乔治有时真把我气得要命，但有时我又为他无比骄傲，觉得死而无憾——他参加了迷你棒球联赛。"

老布什没有约束乔治的个性，他的"放任"导致这个长子在大学以放浪闻名。在哈佛MBA毕业后，他投资的石油生意亏了本，还染上了酗酒恶习，直到40岁才幡然悔悟，"找到了信仰"——发现政治比石油更适合自己。

"全家人亲近得有点变态"

让母亲芭芭拉最操心的是老三尼尔。尼尔是她最宠爱的孩子，芭芭拉至今仍用乳名"Neilsie"称呼年近花甲的他。

高中时，尼尔被诊断患有阅读障碍症，芭芭拉带着他跑遍了诊疗机构，并鼓励他发现自己的长处，比如打篮球、与人交往。"父母没有让我觉得自己好像与众不同或比较无能，这给了我信心，觉得自己需要走过这一关。"尼尔说。

后来，尼尔成了全家公认的演讲天才。政治评论员杰弗里·克莱尔曾这样评价："尼尔·布什一直被认为是布什家的新星，他有型（唯一一个金发的儿子）、举止友善，代表了中产阶级政治，看上去比两个哥哥聪明。要不是那桩丑闻摧毁了他的前途……"

他指的是1989年曝光的一桩丑闻，当时老布什刚就任总统。

科罗拉多州一所叫"西尔弗拉多"储蓄贷款机构的破产，引起了政治对手的注意,尼尔正是该机构的董事。他们在媒体上指责尼尔利用关系为其他机构办贷款,并从中渔利,不仅逃税,还让这笔贷款成了坏账。但尼尔辩解说,作为外部董事,他根本没有决策权。

老布什后来对朋友说:"如果他(尼尔)不是姓布什,而是姓琼斯的话,我相信他的名字不会见报。我知道那孩子完全无辜。"

妹妹多萝西回忆道:"他们使尽浑身解数难为尼尔,使他的日子很难过。这表明在众人的目光注视之下,父母要抚养孩子多么不易,也进一步证明团结一致对我们有多么重要。"

尼尔难忘那段艰难的岁月。"他是美国总统,儿子竟然受到联邦机构的调查。他给予了我爱和支持。尽管我们大家不生活在一起,但家人之间非常亲近——有人也许会说亲近得有点变态——因为我们拥有无尽的、无条件的爱。"尼尔向记者感慨道。

关于家庭生活,小布什在自传《勇往直前》中有这样一段描述:"记者常问我爸爸是否给我们提供政治建议,我心里不禁发笑。在他们眼里,布什家的人总是聚到爸爸的膝下,讨论美国在世界扮演的角色。就像爸爸说的:根本没这回事儿。我们家人宁可玩棒球、篮球或(美式)足球。在布什家的餐桌上,子女最关心的通常是马文吃没吃蔬菜,那样大伙都有甜食吃了。"

总统父兄的退休生活

尼尔在北京发表演讲时,大哥乔治也正在准备自己的演讲。

2009年10月26日,得州沃思堡飘着小雨,这里靠近小布什退休后安在达拉斯的家。1.5万听众打着伞,排队等待进入当地体育馆,聆听一场题为《激励》的演讲。前国务卿鲍威尔、前纽约市长朱利安尼等也来捧场。这是小布什退休10个月以来,为数不多的公开亮相之一。

暖场演出是学生们伴着《海滩男孩》的歌曲《冲浪,美国!》,将几个沙滩排球掷向听众。在欢笑声中,小布什登场了。

小布什谈的主题是信仰,让自己的经历成为激励听众的心灵火柴,但这28分钟的白宫轶事大串烧也引发了阵阵笑声。为离职时仅剩22%的支持率,他辩解说:"支持率转瞬即逝……并不真实。"至于退休后的生活变化,他说:"我要在遛狗时为它清理粪便。先生们,我的生活不一样了!"

据报道,这场事先大肆宣传的演讲让布什进账10万美元。主办机构"华盛顿演讲俱乐部"也与克林顿、鲍威尔等名人签约。此前一周,小布什刚在加拿大发表了3场演说,之后他还会在圣安东尼奥作当年的收官演讲。

不过,比起父亲的退休生活,小布什显然低调很多。老布什卸任后,仅在1994年就发表了111场演讲,为48位候选人拉票,出访22个国家和美国半数以上的州。

随着年龄的增长,老布什的公开亮相逐渐减少。但令家人最想不到的是,他会在七八十岁高龄,多了一项危险的嗜好——跳伞。

这位前轰炸机飞行员曾在二战中飞机被击落后跳伞逃生,两个同机战友牺牲了,他只受了轻伤。1997年,老布什决定向这一心理阴影发起挑战,"我这老家伙还能做点事。"他对儿女们说。

当73岁的他从一美军基地上空纵身跃下时,地面上他的整形医师也在等着,以防万一。

那次安全着地让老布什上了瘾。两年后,为庆祝75岁生日,他再次冒险。但这一跳充满惊险——他在空中直翻跟头,一直背部朝下。直到开伞前几秒,从旁护卫的伞兵才把他扶正。

但老布什没有被吓着,他总是为新的冒险寻找理由:80岁生日、设在得州农工大学的布什图书馆重新开张……最近一次跳伞,是他85岁生日时。当时,刚动过髋关节手术的他不顾家人反对执意要跳。芭芭拉和5个儿女、14个孙辈都赶到了现场,揪心地观看了全过程。

这次,他不是单独跳下,而是和伞兵绑在一起。尽管如此,这对一个耄蓦老人依然称得上是一次壮举。"感觉好极了，到90岁时我还要再跳一次。"回到地面后，他宣布。在老布什看来，老年人也应多运动，而不是"整天坐在角落里流口水"。

石油帝国的继承人

两位前总统惬意的退休生活，部分建立在他们庞大的商业帝国之上。石油生意是布什家族起家的本钱，这一饱受批评的"政商不分"家族生意仍在悄然延续。

老布什的父亲普雷斯科特是当时美国头号投资公司——布朗兄弟与哈里曼公司的合伙人，也是得雷瑟（Dresser）石油工业公司的董事。

大学毕业那年，在得雷瑟执行董事、好友尼尔·马伦（尼尔以其命名）的建议下，老布什前往产油大州得克萨斯，为得雷瑟的子公司推销采油设备，后来做到了得雷瑟副总经理的职位。

1948年，得州西部发现新油田，勘探业务热火朝天，布什的生意自然红火。后来，他创办了布什—奥弗比、萨帕塔和萨帕塔海洋三家石油公司。决定从政时，年仅30多岁的布什已是一位得州石油富豪。

儿子们继承了对石油的兴趣，乔治和尼尔先后投身石油事业，只是老大失败，老三却成功了。

1980年代初，小布什带着从父亲朋友那募集来的56.5万美元，开办了阿尔布斯托石油公司，第一笔交易就赔得血本无归：他在新墨西哥州投资了一些油井，结果一滴油也没发现。1984年，小布什带着向祖母和朋友筹得的470万美元卷土重来，但再次失败了，投资的95口井有一半是枯井。

相形之下，弟弟尼尔却仿佛继承了尼尔叔叔在石油业上的天分，在这一行如鱼得水，因为他更懂得利用家族的影响力。由于1980年代末的丑闻，他被禁止从事投资业，但联邦储备银行还是"默许"了尼尔的贷款，并"凭借布什家与阿根廷总统梅内姆的关系，获得了在该国开发石油的机会"。《纽约时报》曾报道："尼尔那时常与梅内姆一起旅行、打网球。"

1993年,老布什带尼尔和四子马文访问海湾战争后的科威特。此行不但让尼尔得到了科威特大学的荣誉学位,也得到了在该国开拓市场的机会,他将防治石油业污染的设备卖给当地人;而老四马文是军火公司的代表,将武器卖给科威特国防部。

近几年,尼尔将兴趣转向中国。除了担任一家北京房地产公司的联席董事长,与大型钢铁企业首钢控股合作,帮助其进入非洲外,最近他还代表中石化,向加纳政府提出报价,计划联合收购加纳大型海上油田Jubilee的股份,竞争对手是道达尔、BP和中海油。

他在厦门参加中国国际贸易投资洽谈会时,还不忘向中国投资者兜售美国油田。面对《外滩画报》记者,他再次表达了这一意愿。他认为,金融危机和经济衰退导致美国部分中小石油公司面临生存危机,这为中国民营企业参与投资经营美国本土油田提供了难得的机遇。

不过,当记者将话题转向奥巴马支持的《美国清洁能源安全法案》遭共和党和石油业反对,是否会对其家族生意产生影响时,刚才还侃侃而谈的尼尔立即露出了生意人的狡黠。他迟疑了一下,然后用政治家的口吻回答道:"这个我并不清楚,我不了解相关情况。"直到谈起自己的儿子对新能源感兴趣时,他才恢复常态。

4.布什家族的"金梯子"故事

如果只论个人的经济实力,布什家族中的任何一个人都不够看,但他们的家族财力实在令人咋舌。从布什高祖父那一代起家,汲汲营营,加上结亲豪门,累积四代,布什家族建设了一个笼罩石油、银行、球队、军工复合体的企业帝国。第四代布什等于是含着金汤匙出生的,一方面攀着金梯子出人头地,一方面沿着金脉广交人面,以至入主白宫。

布什家族成功的经验自然很多,但是,研究者们发现,其中有一个最重要的细节,或者密码,是他们为孩子自幼灌输的"梯子意识"。这个"梯子意识"从孩子懂事的那一天起,就被父母注入到他们的人生观念之中,成为他们一生恪守的信念,也成为他们一步步走向成功的阶梯。

从老布什的父亲那一代开始,家族的图书馆里就把这样一篇文章镶嵌在十分醒目的位置,要求每一个孩子熟读背诵:

一家公司招聘营销经理,最后有三人进入了公司老总亲自主持的最后一轮考核。奇怪的是没有考题,老总开车把三位年轻人拉到一座果园里,指着三棵高大的苹果树,说:"你们每人一棵树,看谁摘的苹果最多,谁就能成为本公司的营销部经理。"老总刚说完,三个人立即扑向果树。A身高臂长,站在树下,上下左右开弓,不一会儿就摘了很多苹果;B身材灵巧,就像猴子一样爬上树,闪展腾挪,眨眼间,也摘了不少苹果;只有C生得又矮又胖,尽管他很着急,但摘的苹果显然落后于其他二人。

"要是有架梯子就好了,可哪里有梯子呢?"C大脑急速地转动着。

"果园门卫大爷那儿会不会有?"想到这儿,他立即跑到门卫室,诚恳地向门卫大爷说明情况。刚才老总领着他们进来时,只有C热情地和大爷打过招呼,大爷显然对他印象很好。他领着C来到门卫室后面,果然有一架装修用的铝合金梯子摆在那里。

C谢过大爷,搬着梯子跑回果园。有了梯子,C摘起果子来变得游刃有余。

这时,A、B遇到了难题。A虽生得高大,却怎么也够不到高处的累累硕果;B虽身手敏捷,却不敢爬到细枝上去摘。这时,他俩也想到用梯子,可他俩跑出去找了一圈,哪还找得到梯子的影子?果园里就那一架梯子。

等他们气喘吁吁地跑回来,老总对他们说:"不用再比了,我宣布:C被聘为营销部经理。"虽然C不如A高大,不如B灵巧,但他面对困难时,能迅速找到解决办法,打开局面,这是一个营销部经理最可贵的素质。A、B输得心服口服。

老布什的父亲在文章的最后用这样的话告诉子女:你要成功,就必须学会搭建自己的梯子,树立"梯子意识",依靠单打独斗,是不会成功的。

小布什中学读书时成绩很差,贪玩且喜欢恶作剧,但后来受其父影响,有了从政的理想。老布什知道他的志向后,就送了他一句话:"要记住每个和你交往过的人的名字。"后来,小布什进入耶鲁大学主修历史,成绩一般,大多数课程仅得C,但他一直牢记着父亲的话,大学四年,他熟记了一千多个同学的名字,并与大多数同学成为了很好的朋友。毕业后,他不论到哪里工作和生活,也始终与这些同学保持着密切的联系和友谊。当他53岁竞选总统时,当年的那近千名同学成为了他遍布全国的竞选团队的骨干力量,他们不遗余力地给予他有力的支持。最终,他凭着父亲传授给他的这架感情交往的梯子成为了美国总统。

第二章

乔治·赫伯特·沃克·布什

——"还要在90岁生日的时候跳伞"

乔治·H·布什，人称老布什，生于马萨诸塞州密尔顿。在两代总统的家乡得克萨斯，布什家族牧场所在地克劳福德及其周边地区，甚至公路两旁每隔一段距离，都有巨幅广告牌，上面全是两代总统的大肖像。此时此地，令人们对布什王朝有了更切身的体会。

1.爱吃"北京烤鸭"的外交官

1989年2月25至26日，美国总统乔治·布什对中国进行工作访问。这是自20世纪70年代以来首位就职不久即访华的美国总统，也是布什1975年以来第5次访华。

美国前总统布什父子称得上是最爱吃中国菜的外国领导人。老布什曾于20世纪70年代担任美国驻中国联络处主任。那时，他和夫人芭芭拉经常骑着自行车穿行于北京的大街小巷，期间他们尝遍了中国的美味佳肴。

老布什夫妇尤其爱吃"北京烤鸭"。回国后，老布什在担任总统期间仍旧对北京烤鸭念念不忘。老布什的儿子小布什当选总统后，两代布什总统及其家人每年都会多次去位于华盛顿近郊弗吉尼亚州的北京饭店吃中国菜，每次必点"北京烤鸭"。

布什家族将这家饭店的菜肴熟记于心，北京烤鸭、椒盐大虾、北京风味羊排、干煸牛肉丝、干烧四季豆，不用看菜单，他们就能脱口而出。这5道菜肴在北京饭店被称为"布什菜单"，许多慕名而来的食客只要开口说"布什菜单"，饭店就会精准无误地将饭菜端上桌。

美国休斯敦地区华侨华人在休斯敦举行的庆祝中华人民共和国成立60周年的晚宴上，把"2009年杰出中国之友奖"授予美国前总统老布什夫妇，表彰他们30多年来为促进中美关系发展所作出的杰出贡献。

因行动不便，老布什夫妇派他们的儿子尼尔·布什代他们来休斯敦领奖，他们还让儿子把老俩口录制的发表获奖感言的5分钟录像带带到了现场播放。老布什夫妇除了感谢休斯敦地区华侨华人和中国人民之外，还表示希望再次访问中国。

2.老布什和海湾战争

　　1941年12月日本偷袭珍珠港后不久，中学刚刚毕业的老布什应征入伍，在太平洋舰队担任鱼雷轰炸机驾驶员，期间，因战功卓著被授予飞行十字勋章；1944年与芭芭拉·皮尔斯结婚，生有四子一女；退伍后进入耶鲁大学攻读经济学，是著名的耶鲁大学"骷髅会"成员，1948年获经济学学士学位；同年移居得克萨斯州，成为油田物资供应的推销员；1953年与人合股筹建扎帕塔石油公司，1954年又创办扎帕塔近海石油公司，因此成为百万富翁。

　　1964年，老布什决定弃商从政，但角逐参议员败北；两年后，他当选为国会众议员，4年后又竞选国会参议员，但落选；1971年被尼克松任命为美国驻联合国大使，1973年任共和党全国委员会主席；尼克松因"水门事件"引咎辞职后，老布什于1974年被福特总统任命为美国驻北京联络处主任，任职期间为发展中美关系作出了努力；1975年，老布什回国担任中央情报局局长职务；1977年民主党总统卡特上任后，他暂时离开政府，重返商界。

　　1980年总统大选时，老布什被里根提名为副总统候选人。在里根执政的8年期间，老布什在内政外交上鼎力相助，受到了里根总统的信赖和器重，被称为"最好的副总统"。

　　1988年总统大选时，老布什在里根的积极支持下参加总统竞选。经过艰苦拼搏，他击败了民主党总统候选人杜卡基斯，当选为美国第41任总统。执政4年，老布什在外交上取得了"显著成绩"：1989年5月，宣布对苏联实行"超越遏制"战略；12月，与苏联总统戈尔巴乔夫在马耳他会晤；1990年5月31日至6月3日，与苏联就削减战略性核武器、销毁和不生产化学武器、监督和检查地下核试验等有关军备控制等问题达成协议,并与戈尔巴乔夫签署了该协议;1991年1月,在发表的国情咨文中提出了建立"世界新秩序"的主张;促使苏联、东欧发生演变,脱离社会主义制度,推动德国统一、冷战结束;伊拉克入侵科威特后,坚决主张由联合国出兵干涉,亲自参与并指挥了代号为"沙漠盾牌"的军事行动,打赢了海湾战争。

1990年8月1日,中东局势出现紧张,由萨达姆·侯赛因领导的伊拉克挥军入侵拥有丰富石油资源的邻国——科威特。由于中东是世界主要石油产地,西方世界担心油价会受到影响,因此将萨达姆·侯赛因看作一个巨大的威胁。时任美国总统的老布什首先发表声明,谴责伊拉克的入侵是萨达姆胆敢与西方世界对抗的举动。他还很快就宣布美国将发动一项旨在防止伊拉克入侵沙特阿拉伯的防御行动——"沙漠盾牌行动"。

1991年1月12日,美国国会授权军队将伊拉克逐出科威特,此后不久,联盟的其他国家也授权它们的军队。1991年1月16日,联军开始执行名为"沙漠盾牌行动"的强烈空袭:每天的攻击次数上千,使用的武器有制导炸弹、集束炸弹、空爆炸弹和巡航导弹。相应地,伊拉克次日向以色列发射了8颗飞毛腿导弹。盟军的首要目标是摧毁伊拉克的空军和防空设施,这个任务很快就完成了。在此后的战争期间,盟军空军几乎畅通无阻。虽然伊拉克的防空能力比预期的要好,但在战争第一天,盟军只损失了一架飞机。

战争只维持了一个月,1991年2月22日,伊拉克同意了由苏联提出的停火协议。这个协议要求伊拉克在3周内退回到战前的位置。美国承诺退回的伊拉克军队将不会被攻击,并限令伊拉克于24小时内撤兵。2月24日,美军开始了被称为"沙漠军刀"的陆战行动:使用推土机填没伊拉克战壕,将其中的驻军活埋,然后一支海军陆战队深入伊拉克境内,俘虏了上千逃跑的伊拉克军队。2月26日,伊拉克军队开始退出科威特。

直通华盛顿
——主宰美国政治命脉的4大家族

1991年3月10日,美军从波斯湾撤离54万军队。

美军认为伊拉克有可能使用化学武器,科林·鲍威尔后来建议,在这种情况下,美军可以炸开底格里斯河和幼发拉底河上的大坝来水淹巴格达,但这个建议未被采纳。美国一开始希望萨达姆能被内部政变推翻,中央情报局被授权在伊拉克内部挑拨动乱。但当伊拉克南部人民开始暴动反对萨达姆时,美国没有支持他们,因为其他同盟者反对入侵伊拉克。结果是这场暴乱被血腥镇压,而中央情报局中负责组织暴乱的人被撤职并被指责"违反了不许组织暴乱的命令"。

在1998年出版的书《改变世界》中,老布什讨论过改变伊拉克政府的问题:

假如我们在1991年消灭萨达姆政府,将陆战改为入侵伊拉克,那么我们将违反我们的不在行动中改变目标的宗旨,进入目标滑动的状态,其结果是不可估算的人道和政治代价……我们将不得不占领巴格达和整个伊拉克。同盟将立刻解散,阿拉伯国家会愤怒地离开我们,其他同盟国也会离开。在这种情况下,我们没有任何可行的、不违反我们的原则的"逃避计划"……假如我们入侵,美国可能今天还是一个敌对国的占领者,其结果——可能是悲惨的结果——将是另一个样子。

与其在外交上的优秀成绩相比,老布什的内政要逊色很多。

老布什上任面对的第一个经济问题就是财政赤字。1990年,美国已出现了2200亿美元的赤字。老布什认为解决的良方是减少政府开支,但在民主党控制的国会的压力下,他只能选择加税来解决赤字问题。在1988年参选时,老布什曾承诺在他任内不加税,这一举动显然打破了他竞选时的诺言。

在老布什任内,美国还经历过一段长达6个月的经济衰退期,失业率跳升至高位, 使联邦政府福利开支大为增加。至1992年, 失业率上升7.8%,是自1984年以来最高的。

在1990年的一次记者会中,老布什坦言他喜欢处理外交政策多于国内经济问题。这一番话被外界视为老布什爱打仗而漠视经济的证据。在1992年美国总统选举中,代表民主党出战的比尔·克林顿就以一句切中时下美国处境的标语攻击布什:"笨蛋!问题是经济!"(Stupid! It's economics!)

1992年美国总统选举,老布什因国内经济萧条而败给克林顿,得票数约31%,远低于克林顿的68%。

人们对老布什的评价主要在于其对军事政策的侧重。由于其军人出身的背景,老布什的好战作风打从担任总统时就已表露无遗。美国人这样评价老布什:一提到军事政策就眉飞色舞,但一处理经济就打呵欠。

撇开经济上的取态,西方对老布什的评价普遍是正面的,尤其是老布什在任内经历过苏联的解体和东欧政权相继变更,西方评论都认为这是老布什的贡献。

由于波斯湾战争中即时出兵的举动,视西方如仇的阿拉伯世界都视老布什为西方跟阿拉伯作对的代表人物。伊朗就有些场所在门口地面上绘有老布什的画像,并以脚踏着图案,以表达对老布什的不满和仇视。

1999年,美国公共有线电视台C-SPAN对将近60位历史学者进行访问,请他们在包括领导能力、经济成就、与国会的关系、道德号召力等10个项目内为历任美国总统评分,并计算综合排名。结果,老布什的综合排名为第20位,在42位总统当中属中等。

3.铁杆钓迷老布什

2007年7月1日，全世界的媒体都把目光聚焦到了美国东岸缅因州的大西洋沿岸,肯纳邦克波特老布什的庄园。这位美国第41位总统夫妇将接待他们的儿子,现任总统小布什的客人,俄罗斯总统普京。

之前，美国执意要在波兰和捷克这些前东欧华约国内建立导弹防御的雷达和导弹系统,此举惹恼了普京。普京扬言要把导弹重新对准欧洲,还要废除《欧洲常规力量条约》。

眼看美俄要反目成仇，老布什又出马了。他在缅因州的庄园环境优雅,而老布什又擅长在这里以休闲钓鱼活动作为高层外交的润滑剂。于是,他请普京总统来作客钓鱼,品尝当地盛产的龙虾,希望可以缓和气氛,软化立场。

7月1日,普京一身便装来到庄园,驾艇出海,兜风钓鱼,家宴款待。外电纷纷对此进行报道,称之为"龙虾外交",据说菜单上还有箭鱼。

乔治·布什终身酷爱的户外活动就是垂钓。比起历届总统钓迷来,大概没有谁能比他更吸引媒体的眼球了。他出生在缅因州的肯纳邦克波特,从小就在家乡钓鱼。在总统任期满以后,他隐退在自己出生地的庄园里。这处庄园占地8公顷,位于半岛的沃尔克海峡,景色优美。每当他驾着钓艇"费德利蒂号"出海钓鱼时,就会被左、右、后三面包围,记者和好奇者的长镜头对准他"猛轰"一气,即使有特工船阻拦,也奈何不了这些好奇的探秘者们。老布什的朋友,当地导钓员鲍勃·博依拉德评论说:"每当他出海,他就得快跑快躲,我称之为布什式的'击剑防护手套'。至少有十几条船围在他身边,特工船、通讯艇、媒体船,还有好奇公众的船只。有这么多船围着,鱼早被吓跑了。我就开在他前面垂钓,并钓到了鱼;而布什则被围得水泄不通而一无所获。后来我告诉他:'总统先生,你得想法摆脱这个无敌船队,要不然你就什么也别想钓到了。'"

鲍勃·博依拉德与乔治·布什年龄差不多,他出生在缅因州的萨科河畔,17岁加入美国海军陆战队的航空队,二战期间作为地勤机械师在南太平洋战场服务。而那时,老布什驾着战机在那一带与日军鏖战。鲍勃退役后回到家乡在船厂人机械师,并以金属检测师的级别退休。随后,他成立了一个导钓服务公司,为钓鱼迷们提供垂钓海鲈、竹笺鱼等的机会,而且非常成功,以至于在他的名片上印着这样的字眼:没鱼免费。他还为家乡的河流环境保护做了许多事。

据博依拉德说,他第一次遇到老布什时是在海上。

"1983年,我当时正在距离沃尔克海岬大约8英里的树林岛灯塔附近垂钓竹笺鱼。钓了不少。突然,我听到有人呼喊的声音:'你用的是什么钓饵?'我四处张望,看到了一个'小舰队'——特工船、海岸警卫队的船、记者的船等,以及在'费德利蒂号'上的乔治·布什副总统本人。

我告诉他,我用的是'拉帕拉活动拟饵',他说他用的是'拉帕拉游水拟饵'。然后,我让他调转船头,跟在我的船后面。还没开出去200码,他就钓上了两条竹笺鱼,我也钓上了一条。他异常开心地说道:'我想和你一起钓鱼,把你的电话号码给我。'然后,他把他的电话号码也告诉了我:'我正在度假,我们要在统一战区并肩战斗!随时给我打电话。'

在特工们对我进行了一番例行调查后,我接到了一个电话,乔治·布什约我去钓鱼。从那时起,我们一起钓鱼钓到了今天。"

鲍勃记得,当他们一起出海垂钓时,老布什常常表现得没有耐心。

"有好几次,正当我们垂钓是,他发现别的人在别的船上钓到了鱼,就想赶过去和他们一起钓。我只好对他说:'哪儿都有鱼,就在这儿钓!'而一般来说,只要我们耐心等一会儿,总能钓上鱼来。我们第一次共同出海垂钓时,他想用一套轻型钓鲈钓竿和渔轮,并用的是只有8磅拉力级的钓线。想想看,他竟然想用这么一支小小的6英尺长的小鞭子去钓10到15磅重的竹笑鱼。'总统先生,'我说,'当你去钓鲸鱼时,你得用钓鲸鱼的家伙。'"

1988年大选获胜几个月后,老布什用白宫的正式公文纸亲笔书写了任命——宣布鲍勃·博拉依德为"钓具箱大师"。当然,这份任命无须国会批准。

乔治·布什曾邀请过许多政府首脑访问他在肯纳邦克特波的庄园,但并没有几个人能有幸与他一起出海垂钓。加拿大总理布里安·莫尔罗尼有幸成为了其中的一位。

总统回忆说:"那天大海平静,是个垂钓的好日子,你甚至可以看到竹笑鱼在海面上追逐撕裂鲭鱼的身影。我们抛出拉帕拉拟饵,或活鱼饵,把它们钓上来。杰布钓竿上的绕线轮没有夹紧,他甩出去的钓钩又荡了回来,不偏不倚正好刺穿了我的耳垂。我当时就在耳朵上垂戴着这么一个拉帕拉'耳环'。莫尔罗尼说:'我们最好还是回家治疗一下'。但我对他说:'我们像这样一块儿钓鱼的机会可不多。我们现在不回家。'结果,一名特工小伙子杰瑞找来了剪刀,把钓钩上的倒刺剪断,把钓钩从我耳朵上取了下来。之后,我们接着钓,而且钓了不少鱼。如果是刺中眼球呢?那我们就不得不打道回府了。不过不是没有么,所以就没有回家。"

老布什认为虚伪和懒惰会招致公众的指责,在1990年科威特危机发生后,他待在肯纳邦克波特,而他的常客是国家安全顾问布洛特·斯考克罗夫特。总统解释说:"我们就在'费德利蒂号'上讨论有关'沙漠盾牌行动'的有关事宜。所有的人都在说:'他们在这种危机关头还去钓鱼!'媒体也施加了很大压力,认为我应该回到华盛顿去处理这场危机。但我不想在那个夏天用制造危机气氛来恐吓美国公众。我们甚至在船上和叙利亚总统通了电话。"

垂钓是否会争取到更多的选票?有人这样问老布什。"我热爱垂钓运动,各种运动。而这在我的总统任期内既没有招致表扬也没有招致责难。但我从来没有说过,好吧,布置一次垂钓活动,让媒体对于放松有更多的理解,等等。我从不认为可以利用垂钓来达到某种政治目的。我从来不会把记者请到这艘船上来,向他们显示一番我对于垂钓运动是多么地欣赏,或者出去发表什么演说来推广休闲活动。我猜测一旦我这么做了,在这个特定的场合,有些人就会大做文章,说什么这是一些社会精英企图向美国人民灌输什么云云……"

"我觉得应该顺其自然,为自己个人有益而去垂钓,让谣言止于智者。总而言之,媒体还是理解的,我是在度假,虽然总会有来自于对手那一伙人的压力。"

乔治·布什一生中钓过各种各样的鱼,有鲭鱼、竹筴鱼、王鱼、海狼、北梭鱼、旗鱼、隆头鱼、鲈鱼,还有鳟鱼。他曾在怀俄明、阿拉斯加、阿拉巴马州以及德克萨斯州钓过鱼,但他最中意的钓场仍旧是他的家乡缅因州肯纳邦克波特的沃尔克海岬这一带。我们大多数人恐怕都难以把它称之为隐居,如果你被特工、电网、保护性带刺的浆果灌木丛,以及海岸警卫队团团围住的话。但在老布什看来,这一切都没关系,无论如何,他到那里时,游客还不曾到达过呢,他在那里垂钓了一辈子了。

对于老布什来说,垂钓的吸引力是由于它可以一扫暮气。"它能彻头彻尾地使你头脑清新,让你放松自己。这不只是钓得到鱼钓不到鱼而已,是垂钓的背景、环境、它所有的美好。你会被这些波浪和清澈的拍打岸礁的浪花所催眠。所以我并不在乎收获,或是否努力钓鱼了,我在乎的是身处此境……我可以停止一切思想,什么也不去考虑;即使我想要思考什么问题,在这种状态下,那也是格外有益的。这不仅仅是避世,这是集中精神的好方法,如果你想集中精神的话。它把镇静、大自然的美丽、逃避喧嚣的机会或集中精神统统结合在了一起。"

4.“布什王朝”的传承

　　“老布什病重”的消息受到了美国媒体的高度关注,有些媒体已经开始刊登老布什的生平回顾。老布什的助理吉恩·贝克说,老人尚无大碍,请大家“把竖琴放回壁橱里”。这句话的意思是:“人还没死,别吹吹打打地咒人”。

老布什这次病得不轻

　　美国现有卡特、老布什、克林顿、小布什4位健在的前总统。克林顿和小布什都生于1946年,而老布什和卡特都生于1924年,但老布什生于6月12日,卡特生于10月1日,所以老布什是美国在世最年长的前总统。

　　年龄虽大,但老布什身体一直都不错,上次住院还是2007年,那次他在打高尔夫球时因脱水昏厥。他一向喜欢运动。他在担任美国驻北京联络处主任期间,学会了打乒乓球;1985年,他作为美国副总统访华时,还和时任国务院副总理的万里打了一场“中美网球双打对抗赛”。老布什“动作很正规,看起来好像是受过专门的训练”;他还3次用跳伞为自己祝寿,最近一次是在2009年,他跳伞庆祝85岁生日。

　　老布什给朋友们的建议是:走出去,做想做的事,享受人生。不过,毕竟年岁不饶人,近年来,老布什患上了帕金森症,引发过数次小中风,导致下半身出现神经机能障碍。因此,他不得不坐在轮椅上,出席在白宫举行的自己的肖像画揭幕仪式。不过,老布什保持了自己一贯的乐观。他接受采访谈起自己腿脚不便时说:“这不痛,只是你想让腿移动一下,它就是不听使唤。但如果你一定要得病,这算是个‘好’病。”

　　2012年11月,老布什因支气管炎导致久咳不愈住进医院。起初,院方说他几天后就可回家,但他再度发烧,只能继续待在医院。12月25日圣诞节,他的妻子芭芭拉、儿子尼尔·布什、儿媳玛丽亚、孙子皮尔斯等到医院陪他过节,每人给他带来一道中餐,在病床边搞了一次圣诞大餐。老布什喜欢吃中餐,据说还是休斯敦"姚餐厅"的常客。他还收到了亲友们的礼物及问候, 他另外两个儿子前总统小布什和前佛罗里达州州长杰布·布什,女儿多萝西以及老朋友、前国务卿贝克也都来看望过他,美国总统奥巴马也随时关注老布什的病情。

2012年12月28日,布什家族的发言人麦格拉斯表示,老布什仍在重症监护室,但"病情继续好转",神志清醒,精神状态良好,能和医护人员交流,还能哼唱小曲。12月31日,老布什病情好转,被转入普通病房。麦格拉斯说,老布什"是你见到的最坚强、乐观的人"。

老朋友已经离他而去

老布什政治生涯长达40年。二战时,他在美太平洋舰队担任鱼雷轰炸机驾驶员,是当时美海军最年轻的飞行员。他的战机曾被日军击落,本人跳伞后被美军潜艇救起。因战功卓著,老布什被授予飞行十字勋章。从上世纪60年代开始,他先后任国会议员、驻华外交官、中央情报局局长和里根总统两届任期的副总统等职务。1988年,他当选美国总统,任期内经历了柏林墙倒塌、东欧剧变、苏联解体,世界格局发生了根本性变化。

他最为人知的政绩莫过于1991年的海湾战争。但因经济不景气,1992年大选败给了克林顿,这让他至今耿耿于怀。有意思的是,克林顿退休后,两人倒成了朋友,曾一同在美国高尔夫球锦标赛中露面,在休斯敦共进午餐,在老布什缅因州的老家乘快艇出游。2005年,两人一起为卡特里娜飓风受害人募捐。老布什开玩笑说,自己一辈子老在搬家。"芭芭拉总是对我说:'60年搬了30次家,这说明你不能将一份工作长期地干下去。'但事实上,我认为自己直到1992年遇上克林顿前,一直都干得不错。"克林顿则恭维老布什身体好,自嘲虽比老布什年轻20多岁,却已做了几次心脏手术,"我认为不出意外的话,布什将在我的葬礼上发表演说。"小布什调侃说,他父亲和克林顿"情同父子"。

1993年离开白宫后,老布什逐渐从公众视线中淡出。退休后,他和妻子享受人生,偶尔出席慈善活动。他们冬天住在休斯敦,夏天则返回缅因州肯纳邦克波特的家。与前任里根和继任者克林顿相比,老布什是位低调的总统,也是位温和的共和党保守派。他被认为是采取现实主义外交政策的代表人物,离任之后这种政策得以延续。他的幽默感也为他赢得了民众的好感。有一次,他穿着红蓝白三色的袜子出现在媒体镜头前,有人说这风格很像流行歌手贾斯汀·比伯,老布什眨眨眼说:"比伯?他是卖袜子的吗?我没听说过他,我也不喜欢他的单曲唱片《宝贝》。"吉恩·贝克说,老布什"如此受爱戴,就是因为他会'装傻'。"正因如此,他病重的消息才引起了那么多人的关注。

值得一提的是,老布什住院期间得到消息,在海湾战争中担任美军指挥官的施瓦茨科夫将军于12月27日逝世,享年78岁。当年在海湾战争中,施瓦茨科夫指挥了"沙漠盾牌"行动,后来还担任过美中央司令部司令。老布什发表声明说:"我和我的妻子芭芭拉对一位真正爱国者的离世表示哀悼,美国失去了一位伟大的将军。施瓦茨科夫是西点军校杰出的毕业生,还是一位正直的好人。"

"布什王朝"的传承

老布什本人也感到了生老病死的无奈。在他88岁生日前夕,孙女詹娜作为美国全国广播公司特约记者,在缅因州的海滨对爷爷进行了一次专访。詹娜问:"年老的感觉是什么?"老布什说:"衰老还可以,总比不在了要强。"他对孙女说,他多次思考过死亡:"我想知道死亡是什么,我想,天堂中绝对有很多我渴望去见的人。"他还念了一封他写给孩子们的信:"当夏天过去,风冷一点,我会写一些笔记,把它写下来,免得我忘了。也许他们会发明一种新药物,使双腿易弯曲,关节不再疼,记忆能复苏,恐惧会消失。记住那首老歌中唱的:'当你准备好时,我会到那里。'当你准备好时,我会到那里,因为前面有这么多兴奋的事,有那么多的孙辈可以看着他们成长。但如果你需要我,我还在这里。"詹娜说,她的眼泪差点掉下来。但她很高兴听到爷爷说,他还要在90岁生日的时候跳伞。

老布什一病,对整个布什家族的心理打击很大。杰布·布什说,父亲其实已不可能再离开轮椅。看到他这样一个热爱运动的人晚景如此,不免让人感到心酸。美国媒体也报道称,前总统小布什因不忍目睹父亲身体每况愈下,甚至陷入"崩溃",在克劳福德农场终日以酒浇愁,不能自拔。

小布什与父亲感情深厚,两人曾在2009年1月一同接受美国福克斯电视台采访。老布什称儿子为"总统",小布什则称"第41任(总统)"或直呼"爸爸"。老布什并不干预儿子决策,小布什则每两周给父亲打一次电话。他说:"我有很多顾问,但只有一个人跟我打电话时会说'我爱你,孩子,悠着点儿'。""爸爸打电话来时从不说'你应该这么做或那么做',他总是说'我爱你'。"

老布什病重,也让人们再度对"布什王朝"的未来发生兴趣。杰布·布什在共和党内人气很高。2012年大选中,民主党得到了拉美裔人的支持,击败了罗姆尼。反思大选,不少共和党人觉得应该让杰布在2016年试试。他的妻子科伦巴在墨西哥出生和长大,本人会说西班牙语,支持移民改革,可以吸引拉美裔人口。老布什也曾表示看好杰布。2012年11月,杰布的儿子小杰布在被问到父亲是否会参选时,也称"我当然希望他这么做"。1983年出生的小杰布目前经营一家房地产公司,也是一拉丁裔游说团体的负责人,已逐渐在政坛崭露头角。有人说,将来也许他才是"布什王朝"的继承者。

第三章

乔治·沃尔克·布什

——小布什的戏剧人生

卸任不久的小布什总统,应该说是美国历史上争议较大的总统之一。他直率的性格、执著的精神吸引了不少美国人,但他在外交上的单边主义做法,以及在全球变暖等问题上不负责任的态度,则令人非常失望,在世界范围内引起了强烈不满。在他卸任后,媒体和学界安慰他说,不是他不努力,而是实在太不走运。

1.来自得州的叛逆者

　　小布什出生时比较瘦小,只有6磅重。他母亲说这个孩子出生后就好动,喜欢热闹,喜欢被人注意。芭芭拉后来回忆说,孩子出生后,她曾请她母亲来帮助照顾小外孙。每当她母亲要离开房间时,幼小的布什似乎都很不开心,因为他时时需要人陪着他、关注着他。芭芭拉的母亲说,她真不愿意一个人与小外孙呆在一个房间,因为每当她的目光离开他或要做什么其他事时,小家伙都好像受到了伤害。

　　小布什的出生给乔治·布什和芭芭拉的生活带来了欢乐与新的活力,也带来了数不尽的"麻烦"。

　　小学4年级时,有一次上音乐课,小布什想模仿当时正走红的摇滚歌星猫王,就在自己脸上画上了一道道胡须,逗得全班同学哈哈大笑,令老师无法上课。最后,他被请到校长办公室接受训话。去校长办公室时,他大摇大摆,表现得毫不在乎。校长在给他一个警告后让他母亲来把他接回家。他回家后,为此还挨了生性好强、脾气急躁的母亲的一顿板子。

　　小布什似乎从小读书就不是那么用功,学习成绩也不尽如人意。他的同学说他不是那种循规蹈矩、死啃书本的乖学生,而是那种喜欢爬墙上树,并藏在树上,当你路过时突然从树上跳下来吓你一跳的淘气包、野小子。

　　受喜好体育、热爱棒球的父亲的影响,小布什小学时就喜欢体育运动,棒球、橄榄球都可以来两下子,对棒球尤其着迷。棒球是美国最普遍、最受欢迎的体育运动,男女老少都喜欢它,被称为美国的"国球"。当小布什还在襁褓时,他母亲就带他去耶鲁大学的棒球场看他父亲的棒球比赛;等他稍懂事后,乔治·布什更是常常带他去看棒球比赛,有时还会现场给他作讲解。小布什喜欢上棒球后,开始大量收集棒球明星卡,并小心翼翼地把它们珍藏在他的鞋盒子里。他有时还将一些棒球明星卡寄给那些有名的棒球球员,请他们签名留念。

进入萨姆·休斯顿公立小学后,有一天,母亲芭芭拉带他去见米德兰小棒球联队的教练弗兰克·伊特纳,请他允许她儿子加入棒球队练习打球。伊特纳认识布什夫妇,知道在米德兰做石油生意很成功的小布什的父亲乔治·布什曾是耶鲁大学棒球队打第一垒的棒球高手,所以,他收下了小布什,并安排他在小棒球联队担任捕球手。

但伊特纳很快就发现小布什没有打棒球的天赋,因为每当小小的白色棒球飞向他所在的垒时,小布什不是迎上去接球,而是往后退,不论伊特纳多少次向他大喊大叫,但小布什就是改不了这个习惯。伊特纳绝望地想,这孩子永远也掌握不了棒球比赛的技巧。伊特纳后来回忆说:"他不是打第一垒的料,他没有那种天赋……事实上,他不是一个好的捕球手。"

尽管他没有打棒球的天赋,但小布什打棒球的劲头却很足。除了米德兰小棒球联队的训练比赛,他放学后还经常与朋友们在学校的运动场或他家后面的洼地上打棒球。有时一玩就是几个小时,直到他母亲透过篱笆院子大声喊他回家吃晚饭,他才罢休。

周末时,小布什的爸爸有时会加入他们一起打球。曾任耶鲁大学棒球队队长,棒球球艺十分精湛的乔治·布什常常会给儿子的小伙伴们露一手,特别是他从背后伸手接球的绝招让儿子的棒球伙伴们看得目瞪口呆。

后来,小布什虽然在棒球技巧方面未能达到他父亲的水平,也没有成为职业的棒球明星,但他养成了竞争好强、不愿认输的性格,并管理经营得州游骑兵职业棒球队长达9年之久,为他后来积累金钱财富、社会名望与政治资本奠定了坚实的基础。

2.迷惘的耶鲁岁月

1964年秋季,小布什进入耶鲁大学。一办完新生注册报到手续,他就跑到各学生宿舍去串门子、交朋友。他在耶鲁大学的室友,以前在安多弗的棒球队一起打棒球的克雷·约翰逊说,到耶鲁大学刚刚安顿下来,小布什就"跑出去交朋结友,仅仅三四天时间,耶鲁大学校园就有许多人认识他了"。

当年11月,在秋季大选来临时,小布什利用长周末的3天假期返回休斯顿为父亲的竞选做最后的辅助冲刺。选举日那天,小布什在父亲设在休斯顿美利坚旅馆的竞选总部里统计投票结果。当晚11时30分,小布什发现,第一次参加国会议员选举的父亲以30万选票的差距败给了在竞选中不择手段攻击他父亲的竞争对手,民主党的亚巴勒。

临近午夜时间,小布什与布什家族的成员以及父亲的竞选助理与朋友,一起聆听父亲发表承认失败的演说。乔治·布什说:"我一直在思考谁应为这次竞选失败负责,但我抱歉地发现,唯一应该为这次失败承担责任的是我本人。"他还表示,虽然他这次竞选失败了,但他已开始改变得州的政治格局,因为今年的选举有110万共和党员参加投票,是得州历史上有史以来参加人数最多的一次。他已协助共和党在得州扎稳根基,得州未来的共和党竞选人将会有光明的远景。

聆听着父亲承认失败但不气馁的演说,小布什的眼睛湿润了。他在休斯顿的一位好友说,小布什衷心希望他爸爸能进入联邦国会参议院。这次竞选失败使他为父亲感到难过,并真切感受到政治竞选的丑恶与残酷无情。翌日,对政治怀有一种冷淡感的小布什闷闷不乐地返回耶鲁大学。

小布什返回耶鲁大学后,按父亲的吩咐去见他的一位朋友,当时在耶鲁大学担任神父的科芬。科芬年轻时代在耶鲁大学读书时,曾被小布什正在读高年级的父亲乔治·布什接纳为耶鲁秘密社团"骷髅会"的成员。但科芬在20世纪60年代开始变得自由激进,他反对越南战争,还发起了反战的和平运动,被耶鲁大学的激进学生视为精神领袖。

科芬听完小布什的自我介绍后说:"哦,是的,我认识你父亲。坦率地说,他刚被一位比他更优秀的人打败了。"

听了科芬神父这一段对他父亲不太客气的评论,小布什很生气,认为这是对他父亲的不友好与偏见。小布什十分尊重他的父亲,对父亲忠心耿耿。他没想到,同样毕业于耶鲁大学的父亲反而不见容于耶鲁大学,并受到耶鲁大学的人的轻视,这令他非常不满。多年以后,他对此事仍旧耿耿于怀,并由此对耶鲁大学的人与事产生了不少芥蒂。

《纽约时报》分析说,小布什对他父亲忠心耿耿,这不是基于政治原因,而是由于他对父亲的孝顺与崇拜,他不容许别人说他父亲的坏话,破坏他父亲的形象。

他后来曾愤愤不平地指出:"使我生气的是,耶鲁大学的这些人自认为高人一等,太自以为是。他们认为他们可以创造一个为我们解决所有问题的政府。"著有《第一儿子》的小布什的传记作者米纽泰格尼欧指出,为此事,小布什觉得他与他的家族开始受到耶鲁大学的排斥,他曾一度想要离开这个很势利的地方。

小布什在耶鲁大学的第一学年还未确定自己的学习专业。这一年,他主要修的是一些普通基础课,其中有英语、西班牙语、政治、哲学、天文、地理等课程。

1965年暑假时,小布什的父亲要他利用假期时间打点工,接受一些实际工作的锻炼。老布什安排小布什到路易斯安那州一家石油公司的海上石油钻井平台上工作,在第一线实际学习了解石油生产情况,工作时间为6月至8月,基本上占满了小布什的整个假期时间。

　　小布什上了海上石油钻井平台后,与其他14名工人组成一班,每连续工作10天就休息10天,或每工作一周后就休息一周。在海上打石油不仅消耗体力,而且工作枯燥乏味,加之当时气候潮湿炎热,蚊虫又多,小布什干了一段时间就觉得受不了了,原来预定的工作时间还未干完,他就不辞而别了。

　　这件事很快就传到了他父亲那里。当小布什回到休斯顿后,他父亲立即叫他去办公室见他。

　　小布什一进入办公室,老布什就盯着他,很严肃地对儿子说:"你同意工作一定的时间,但你并未做到这一点。我想让你知道,你的行为让我非常失望。"

　　老布什不动声色的一席话顿时让小布什觉得无地自容,他意识到自己辜负了父亲的期望。他后来对一位好朋友谈到这件事时说:"尽管他用一种很冷静的方式对我说那番话,但对我而言,那真是最严厉的语言。"小布什说,他父亲当时没有生气发火,但他表示了他的失望。当你爱一个人而那个人又爱你时,那是你所能忍受的最严厉的话语。

　　小布什理解他的父亲,他知道事业繁忙、言语不多的父亲亲自叫他到办公室谈话,的确是对自己的行为太感失望。想到此,他十分内疚。这件事对小布什刺激甚深,即便事过多年,他依旧难以忘怀。

　　1965年秋季开学返回耶鲁大学后,小布什在达文波特学院历史系注册历史为他大学4年本科学习的专业,主修美国史与欧洲史。小布什在安多弗读书时就对历史感兴趣,他认为学习历史很有意思,能够知往鉴来。

　　小布什进入耶鲁大学时,受60年代自由开放与激进改革风气的影响,耶鲁大学像全美其他许多大学一样,开始实行某些变革,使贵族式的耶鲁大学成为一所能接受成绩优秀、来自公立学校的平民学生占多数的全国性的大学。从此,学生的聪明才智与真才实学更加受到重视,学术表现高于其他各种因素,是有学术能力与才华且表现优异的人,而不是具有社会背景的继承者将受到奖励与肯定。对于大多数新耶鲁人而言,这是公平、多元化与实力竞争者时代的来临。

与此同时,根据时代与社会的变化,耶鲁大学开始增加一些反映美国社会与文化急剧变迁的课程,它们包括"非裔美国历史与文化"、"西裔美国历史与文化"、"妇女研究"、"环境研究"、"大众文化"等。这个时期,像美国其他许多大学那样,耶鲁大学的教师、学生以及教育文化氛围变得日益激进左倾。一些来自富裕家庭的学生开始对自己显赫的家世背景与特权感到羞耻,他们对自己是因为靠社会关系而进入耶鲁大学感到有一种罪恶感,并将这一切迁怒于他们的家庭与父辈。他们开始反思自己成长的社会体制与传统文化,并对这个社会体制与传统文化进行反叛。

耶鲁大学的急剧变化只是全美精英阶层变化的一部分。这种变化使来自豪门世家、政治哲学与思想观念保守的小布什陷入了一种与耶鲁相抵触的情绪。

他来耶鲁大学读书的目的是接受像他父亲那样的精英教育,并在未来进入美国社会的精英阶层。而现在他觉得耶鲁充斥着"精英"与"平民",那将会使他成为被人轻视的人中的一员。他生来就属于精英贵族阶层,但这场变革却正在使他变成耶鲁大学校园中的平民,使他被排斥于耶鲁大学的精英阶层之外。

另外,由于他不是凭学习成绩与个人实力,而是凭借家族势力与关系进入耶鲁大学的,这一点,如果在过去,也许大家都习以为常,但现在却让他感到自己受到了那些凭真本事来到耶鲁大学的平民学生的轻视。

小布什对耶鲁大学的感情与态度是复杂而尴尬的,他在耶鲁的大学生活经历远不如他父亲那般风光愉快。老布什当年是耶鲁大学的荣誉学生与运动健将,学业、人品都十分优秀,而且仅用两年多时间就完成了大学4年本科的学习。与他父亲相比,小布什的确相形见绌,显得平庸。小布什自己也觉得他与耶鲁大学的差距太大,与这场变革及新的社会成规格格不入。他的同学与朋友都知道,小布什与耶鲁大学的关系一直不稳定、不开心。

耶鲁大学在20世纪60年代的变革虽然给小布什带来了一些不愉快的感受与经历,但他与人交往洒脱大度的天性并未改变。在耶鲁大学,小布什爱玩、爱热闹、爱出风头、喜欢社交的天性不仅丝毫未改,反而变本加厉,他花了许多时间交朋结友、寻欢作乐。

3.米德兰之恋——爱情让"浪子回头"

小布什与劳拉相识、相恋,直到结婚生子,其经历充满戏剧性,是一段颇为罗曼蒂克的故事。

当小布什孤身一人在米德兰艰苦创业期间,他在米德兰的好朋友乔·奥尼尔与乔的妻子琼·奥尼尔都非常关心他的个人问题。他们都希望小布什能够找个固定女友,早点结婚成家安定下来。他们不希望他们的好友长期漂泊不定,继续花天酒地下去。

琼·奥尼尔与丈夫商量,想把她中学时的同学好友劳拉·威尔奇介绍给小布什,希望劳拉能拴住小布什的花花公子心,使他成家安定下来,进而在事业上取得更大的成就。

小布什从哈佛大学商学院毕业回到得州后,只身一人在米德兰打拼创业。这段时间,劳拉也常常利用假期从奥斯丁回米德兰探望父母。劳拉身边虽然经常围着许多男朋友,有时也会带某个男人回家见父母,但她始终没有固定的男友。因此,对小布什与劳拉都很熟悉的琼·奥尼尔积极给他们两人牵线搭桥,希望把他们两人撮合在一起。

当琼第一次建议劳拉与小布什见面时,劳拉婉言拒绝了。因为她知道小布什是谁,也知道他的家庭在米德兰、得州以至全美政坛与商界中的影响与作用。但她喜欢安静,对政治不感兴趣。她告诉朋友,正是由于这个原因,她不想与小布什见面。她曾表示:"我想,他是一个很政治的人,但我却对政治不感兴趣。"

此后,琼又跟劳拉提了好几次,希望她能与小布什见见面,两人在一起好好聊一聊,说不定能碰出爱情的火花,但劳拉都拒绝了。

1977年8月上旬,当琼得知劳拉准备回米德兰看望父母时,再一次希望她与小布什见一面,两人认真谈谈,地点定在她家后院的烧烤野餐会上。这一次,劳拉终于同意了。

这次,劳拉之所以同意与小布什见面,部分原因是因为她当时有些孤独,还有部分原因是当时在米德兰,已没有多少还未结婚成家的单身男人,她已31岁,正在考虑成家,希望拥有自己的孩子与家庭。

8月中旬,小布什在琼·奥尼尔家后院举行的周末烧烤野餐会上认识了同样来自米德兰、在休斯顿一家图书馆担任图书管理员的劳拉。劳拉文静美丽、谈吐幽默,颇有点布什母亲的味道。小布什与劳拉一见面交谈就马上喜欢上了她。他不停地讲话,劳拉则安静地听着,并不时被小布什风趣幽默的话语逗得呵呵直笑。当晚,他们两人一直谈到很晚,小布什才依依不舍地送劳拉回家。

第二天,小布什回到布什家族在缅因州的度假别墅,与父母家人团聚。他告诉父母,他在米德兰遇到了一位极其优秀的女人。他说:"我发现她是一个非常有思想、非常聪明、非常有趣的人——她是一个伟大的听众,而我是一个喜欢高谈阔论的人。我们两人在一起真是非常默契相配。"

小布什后来回忆说,劳拉是一个极其优秀、充满幽默感、会快意地欢笑、聪明伶俐、脚踏实地的女人。他说,他与劳拉的第一次见面,"就算不是一见钟情,那也是在见面后就坠入了爱河"。

老布什夫妇一见到劳拉,就喜欢上了这个秀美文静的女人。也是在这一天,小布什告诉他父母,他与劳拉订了婚,准备近期结婚,希望父母能帮他们择定一个日子,届时能参加他们的婚礼。

老布什夫妇听说儿子准备与劳拉结婚,感到非常高兴。小布什回忆说:"他们非常开心。他们为我感到高兴,并像我一样马上就喜欢上了劳拉。爸爸看了看他的日程表,发现他11月的第一个周末有空,于是,我们将婚期定在了1977年11月5日。"

回到米德兰后,小布什又到劳拉家去见他未来的岳父岳母,向劳拉的父母正式请求,请他们同意让他娶他们的女儿。劳拉的父母愉快地答应了他的请求。

11月5日,就在布什与劳拉相识3个月之后,刚刚过完31岁生日的劳拉嫁给了小布什。他们的婚礼是小型的,共有75位家人与最亲近的朋友参加。这次婚姻被认为是小布什人生的一个转折点。与劳拉结婚后,小布什经常与劳拉一起去教堂做礼拜,向宗教靠拢,多年来无人管束、放荡不羁的浪子终于回头了。

小布什对他的婚姻非常满意,他在婚后曾表示,说向劳拉求婚是他这一辈子所做过的最完美的事,劳拉是他一生最宝贵的财富,是劳拉给了他无比的力量与信心。他还说:"我认为,婚姻与家庭会使人安定下来,尤其是当你严肃地对待自己誓言的时候,我就是如此。"

劳拉虽然对政治不感兴趣,但她表示:"我喜欢嫁到布什家族的感觉。我喜欢拥有这样的亲戚。"在接受小布什求婚前,她曾郑重向小布什要求,不要让她在公共场合发表演说,因为她不喜欢抛头露面。小布什当时满口答应了劳拉的要求,但后来却失言了。他的朋友丹·伊万斯后来常常为这件事笑他,说他是个"骗子"。

4.为父助选

在40岁生日那天发誓戒酒,从此"改邪归正"之后,小布什真的浪子回头,完全脱胎换骨,令家人、朋友、同事及所有认识他的人都刮目相看。《华盛顿邮报》说,小布什"浪子回头"的时机是再好不过了,因为他已担任近两届副总统的父亲这时已决定出马竞选美国总统。他已决定义不容辞地披挂上阵,投入父亲的竞选阵营,帮助他竞选。

1986年上半年, 老布什曾告诉他的竞选经理阿特沃特与副总统办公室主任富勒, 说他的大儿子正在考虑来华盛顿协助他进行总统选举,他准备安排他做他的竞选顾问。

当年9月底,在完成与哈肯石油公司合并的一切手续,并进入哈肯董事会及享有该公司名义上的顾问权之后,小布什暂时结束了在西得州的石油生意,开始全力投入父亲的总统竞选活动。

小布什曾问过他父亲, 如果他来华府为他助选, 他将被任命什么头衔。老布什说,他根本不需要任何头衔,"如果你的名字叫乔治·布什,你为乔治·布什竞选就不需要任何头衔。"小布什后来在1988年的总统大选中也以他父亲同样的口吻告诉得州的一名记者说:"他们都说我是高级顾问,但是,当你的名字叫乔治·布什时,你为乔治·布什竞选就不需要任何头衔。"

小布什后来在一次采访中说,他父亲从来没有直接要求他的协助,因为"他是那种真正的不想过分对他人施加影响的人……他不希望我为了他而影响自己的前程。但事实上,是我自己要求去华盛顿与他一起战斗的"。

小布什知道,1988年的总统大选对已担任两届副总统的父亲至关重要。如果他父亲在这次总统大选中落败,他的政治生命将从此完结,他一辈子奋斗的心血也会随之付诸东流。

他在大选一年多前曾对《达拉斯晨报》表示:"这次大选将在政治上决定我父亲的未来……我的感觉是,无论是输是赢,这将是乔治·布什政治生命中最后的辉煌时刻。如果他赢了,他在政治上就会有更多的光荣岁月;假如他输了,他将会回顾过去,说:'这在我的生命中是一段非常有趣的时光……'"小布什一直认为,他父亲是有能力、够资格担任美国总统的。特别是当过两届国会众议员、共和党全国委员会主席、美国驻中国的联络办事处主任、中央情报局局长,以及在做了两届里根政府的副总统之后,他父亲更应接过里根的总统权杖。虽然他父亲竞选阵营的所有人都希望他父亲当选总统,这样,他们至少还可以在华府再呆4年,但小布什自信没有任何人像他那样希望他父亲得到掌握美国最高权力的荣耀。

从儿时起,他就是他父亲最热心的追随者与崇拜者,父亲是他心目中的英雄与照亮他人生的灯塔。他父亲在每付出一项努力后都获得了令人惊喜的成就——从参军打仗,到读书打棒球,到经商从政——并且始终保持一种高雅的绅士风度。小布什在人生的每个阶段都追随了他父亲的足迹,但从未达到他父亲所取得的成就。尽管他与父亲之间曾经有过一些隔阂与芥蒂——他父亲曾对他这位一度整日酗酒作乐、玩世不恭、不成器的儿子颇有些恨铁不成钢的感觉;他则抱怨话语不多的父亲从未好好跟他坐在一起认真聊聊,父子两人之间缺乏基本的感情交流沟通——但他对父亲从来都是忠心耿耿,也不容许他父亲身边的助理与工作人员对他父亲有二心。他认为,忠诚是布什家族的传统,任何为他父亲工作的人都必须对他父亲忠诚。

在1988年的总统大选中,小布什以他父亲私人代表的特有身份,在全美各地会见了共和党内许多有影响、有势力的人物与团体,这不仅在当时为他父亲争取到了许多支持者,也为他本人多年后问鼎美国政坛积累了广泛的政治人脉与关系网,成为他从政的一项不可多得的政治资产。

小布什不仅充当了他父亲与外界联系沟通的信使与桥梁,还在他父亲的竞选阵营中担任了他父亲与下属上传下达的特别代理人。布什家族的密友,当时担任布什竞选阵营人事主任的昂特迈耶说:"他是他父亲在竞选阵营中的私人代表。"作为他父亲的耳目,在一个特殊时期,小布什必须密切注意竞选阵营中正在发生的事情,以及有哪些事情必须及时处理。他经常把别人提出的问题与建议转达给他父亲,同时,把他父亲的想法与要求传达给下面的竞选助理与工作人员。

小布什后来回忆说:"当时,有无数的人来找我,并跟我说:'告诉你爸爸,要他保持他的本色。'但情况不仅如此,还有人会说:'把这件事告诉给你父亲。'一些国会议员也会说:'你得让你爸爸知道这件事。'等等。在一次事关总统大选的竞选中,需要有某个与总统候选人关系密切的人能起到上传下达的作用,使外面的人觉得,这件事与他们息息相关,他们属于竞选活动的一部分。"

按小布什自己的话说,他是一个"忠诚温度计"。任何对他父亲竞选总统成功有利的事都必须坚决去做,任何对他父亲的名声与威望不利的传言与事情都必须坚决制止。有人说,如果小布什的脾气上来,大家都得当心点。

5.成功就像打棒球

　　小布什是一个彻头彻尾的棒球迷。对他来说,棒球不仅是愉悦心灵的运动,更是引发灵感的游戏。由于棒球没有时间限制,或者说用不着时钟,除非一局之内3次出界,否则无须受人为限制,这很匹配小布什的牛仔性格。

　　像很多棒球迷一样,布什也非常喜欢比赛中的间歇,因为这段时间可以用来思考、记忆、比较现在和过去,同时也可以与同伴交流。他常说,看棒球最好跟自己喜欢的人一起去,因为能有许多时间谈话。有一段时间,布什每年都要与夫人劳拉看十几场棒球赛。在他看来,那是为家庭和朋友安排的时间,他们的女儿在球场长大,他们也在球场招待来自各地的朋友。

　　不仅如此,棒球的挑战还会激发他体内的竞争意识,而且这种挑战对大家是一视同仁的,因为身高正常的人就可以从事棒球运动。用球员和播音员约·加拉基欧拉的话说:"棒球每次都给你提供成功的机会,然后棒球又把所有的压力带给你,为的是证明你还没得到它给你的机会。棒球从来不把机会从你身边拿走,它也从不把压力拿走。"

　　更重要的是,棒球还使小布什成为了自林登·约翰逊以来最富有的总统候选人——他凭借经营得州游骑兵棒球队赚了1500万美元,这使得他拥有了从政的丰厚经济基础。

　　还有一个潜在的收益是知名度的提升。尽管小布什所持的棒球队的股份少得可怜,但他却表现得像是俱乐部真正的主人一样。他参与各项赛事,在电视上进行评论,四处签名,并印发载有他本人照片的棒球卡片。没过多久,小布什就成了得克萨斯州的知名人物,这为他日后竞选州长打下了良好基础。更耐人寻味的是,在成为州长后,这家俱乐部还成了布什的公关公司,为他做了许多宣传工作。

在投身政治生活之后,布什还发现了棒球与政治的关系。用他的话说,棒球更像是生活中做出的其他努力,因为"棒球是乐观者追求的目标,与钻井和竞选没什么区别,你每天走进球场后,必须相信自己能赢。钻了一口干井后必须钻另一口,你必须相信这口井里有油。参加竞选,特别是失败以后,你必须相信下一次能赢"。

在经历了竞选的挑战之后,布什意识到,棒球实在是训练政治与管理的最佳场地。棒球的底线是结果:胜利与失败。棒球需要观众,而参加竞选的人首先也必须吸引观众,然后要留住他们,还要让他们再回来。如果一支球队想赢,就得相信球迷,给他们的家人和孩子提供舒适的地点。选举也是一样,你必须有远见、有信心、有方法,为成功而竞选,并且能够享受这个过程。不仅如此,布什还从棒球运动中练就了一身不怕批评的本领,学会了藐视那些无足轻重的失败,重视那些长远的目标。

6.最温暖的阳光在家里

以小布什的智商和学识,要成为美国总统,真的很不容易。那么,是什么使他入主白宫,而且一干还干了8年呢?

家庭的营养和温暖,是不可不提的因素。

在一次调查中,许多受访的美国人坦率地承认,他们眼中的布什一家堪称模范家庭,值得敬重和效仿,也值得信赖和支持。小布什自己也承认,他能够对人生之路如此充满信心,能够很好地重塑自我,与父母的关爱和乐观情绪的熏陶分不开。

布什一家的确让人羡慕,无论是大家还是小家,所有的成员都相互忠诚和支持。当他们中的一个成员谈到另一个成员时,一般都充满了热爱和敬佩之情,尤其是面临大的挑战时,这个家庭显得特别团结和有战斗力,总是能够互相鼓舞、彼此安慰。这种氛围也深深地影响到了小布什对生活和政治的看法,使他变得积极而平和。

在1992年老布什竞选连任失败后,小布什的母亲像往常一样镇定自若地说:"好啊,现在都过去了,我们往前走吧。"所有的人都按她说的做了。

小布什回去接着计算得克萨斯游骑兵棒球队的胜负,在全神贯注中驱散内心的失落,他还积极训练,参加了一次休斯敦坦尼克马拉松长跑;老布什夫妇则在休斯顿建了一座房子,为慈善机构募捐,邀请那些有趣的人来参加夏季晚宴,并为修建老布什的总统图书馆做准备。

让儿女们欣慰的是,老俩口还拿出时间钓鱼打球、读书看报、栽花种草,到世界各地旅行讲演。没过多久,所有的不快就都烟消云散了,全家人都开始了崭新的生活。

老布什夫妇的表现有着极大的说服力,让小布什和杰布·布什看到失败以后生活还是大有希望的。两位老人树立的榜样是美好的,无论是他们的恩爱,还是他们的坚强,都使子女亲眼看到一个人可以进入竞技场,全力以赴参加比赛,然后完好无损地离开。这一切都坚定了布什兄弟从政的信念,使他们能够充满信心地奔向两个大州的州长宝座,其中的一个还在9年后走进了白宫。

人们总说,有什么样的母亲,就有什么样的儿子;有怎样的父母之爱,就会孕育出怎样的心灵。由于父母的爱是毫无条件、清新而完整的,小布什才得以无拘无束地成长。由于始终相信父母的爱是毫不动摇、千真万确的,他们的内心深处才会永远有一种安全感,也才可能更好地与人合作,信任他人。

在布什看来,无条件的爱是父母送给孩子最珍贵的礼物。一旦你知道你的家人总是爱你的,你做什么都会无拘无束。你会心安理得地失败,也会放开手脚去争取成功。

令小布什难忘的是,在父亲做副总统和总统的12年间,不论有多忙,他都要跑去接孩子们打来的电话,还给孩子们写长信。在卸任后,老布什仍然与儿子保持着密切的联系,有时还会给他发电子邮件。

作为美国历史上最受欢迎的第一夫人之一,芭芭拉对孩子的爱被传为佳话。当小布什打橄榄球时,芭芭拉总是在不远处为他加油,他的比赛,她一场都没落下。在芭芭拉的营造下,布什的大家庭气氛和谐而温馨,无论大家多忙,都会在芭芭拉的号召下聚到一起野营、烤肉、聊天。芭芭拉非常注意与子女进行沟通,即便是在与老布什周游世界时,她也会常打电话,并且把她在旅途中的游记副本送给孩子们。

在关爱之外,老布什还给小布什留下了丰富的政治经验和教训。最令小布什记怀的是,父亲曾因政策的犹疑而吞下苦果。在上任伊始,老布什总统曾保证要把减税进行到底,他也确实坚持了几年。但后来为形势所迫,他和他的顾问决定向国会妥协,用征税换来了对支出的限制。他为此付出了沉痛代价,违背诺言让他的名誉受到了极大影响,削弱了他的群众基础和支持力,尽管许多经济学家指出,这次妥协为经济复苏打下了基础。

从这个教训中,布什懂得了,在政治中,有些时候需要认错,有些时候需要坚持,尤其是在重大政策上,自我否定就意味着"自杀"。也正是因为如此,无论在伊拉克遇到多大的困难,布什都决不承认打这场战争是错误的,父亲错过一次,他不能再错了。

不仅如此,小布什还从父亲那里学会了必须支出赢来的政治资本,不然它就会枯萎、死亡。他知道在任期内保护自己并不容易,所以必须积极地扩展自己的权力基础,必须懂得选举人感兴趣的是你做了什么,而且他们更感兴趣的是你下一步要做什么。在"9·11事件"之后,布什精确地把握住了民众的脉搏,把安全放在了第一位,并且努力展示经济发展的美好前景,一度使得支持率达到90%左右。如果没有此后的伊拉克战争,他的历史排名还真的很难说。

7.靠较高的情商弥补了智商的不足

布什任内搞出了很多烂摊子,闹得奥巴马上任之后疲于奔命。可人们不理解的是,即便如此,还是有很多人是布什的铁杆粉丝。人们不禁要问,为什么还有那么多人喜欢布什?

不可否认的是,智商不是很高的布什,却有着极高的情商,而这正是智力平庸的他能赢得州长和总统竞选的关键所在。应该说,无论是合作精神、领导艺术,还是个人魅力,布什都不逊于一些杰出的领导人,尤其是在"9·11事件"期间,布什的一些特质充分地得到了展现,并成为赢得民众支持的关键。如果不是伊拉克战争,相信布什的民望会比他卸任时要高许多。

布什的亲和力曾经令许多媒体津津乐道。尽管媒体时常会报道一些布什的笨拙表现,他的一些口误甚至成了国际笑话,但多少有些出人意料的是,布什的不拘小节和偶尔的笨拙却拉近了他与民众的距离,人们感到这是一个真实的人,有高人一筹之处,也有普通人的一面。

应该说,布什在从政生涯中始终有着不错的亲民口碑:在他当州长时,他常常会在发表完毕业典礼致辞后站上一个小时,与每个毕业生握手;在社区招待会上,他会与前来看他的上百人一一交谈;每当穿过宾馆的厨房,穿过大楼的后门,他总是会停下来与厨师、门卫和电梯工交谈;在发生可怕的洪水、飓风、大火、恐怖袭击之后,他会跑去拥抱那些受灾的人们,安慰他们,给他们带来安全感。他总是面带着微笑,不停地与大家握手,久而久之,便与民众建立起了亲密的联系,而见过他的人大都相信他的情感是发自肺腑的。

布什很注意人际关系维护。在耶鲁大学就读期间,布什留给同学们最深的印象既不是他的头脑,也不是他的精力,而是他广泛的人脉与亲和力。为了结识更多的人,他甚至会熬夜背诵学生登记表。由于他十分明白人是需要赞美、尊敬和重视的,所以他总是能够团结许多别人难以团结的人。尽管他身边的人几乎个个神通广大,但他却有办法让那些人俯首贴耳。

布什身上还有一种安然和从容的气质,即便是在"9·11事件"之后,他也没有改变自己的生活习惯:仍然是每天晚上9:30到10:00之间上床,早上5:30起床,保持7个半小时的睡眠;仍然悠闲地吃午饭,每天在傍晚6时左右离开椭圆形办公室,然后在脚踏车上锻炼一阵子;仍然在戴维营进行长跑,而且几乎每周都去一次,总在星期五下午提前离开白宫,并邀请朋友一起去;在周末,他仍然邀请朋友来白宫参加宴会;晚上则常常留出一些时间看书,并且往往与时事无关,有小说,也有历史。他的这种心态对周围的人和普通民众有着很强烈的暗示作用,让他们感到一切都在控制之中,没有什么能够奈何美国的安定与繁荣。也正是有着这种自信和乐观,民众才会继续快乐地购物,经济才会迅速复苏。

从某种意义上说,布什是一个很好的情商教程,他的许多优点成就了他的政治生涯;但他性格中的一些消极因素则使他的白宫生涯毁誉参半,也让他倍感疲惫。

对那些资质一般的人来说,小布什是一个很好的成功典范,因为他靠较高的情商弥补了智商的不足。也就是说,如果你没有很高的智力脱颖而出的话,那就一定要在亲和力及维护关系方面下功夫,至少能让一些比你聪明的人与你结伴同行。